AF155120

La cucina dolce

Für A.B.C. (1920–1965) **CB**

Für Emilia und Bela,
meine beiden Süssen **LB**

CARLO BERNASCONI · LARISSA BERTONASCO

la cucina DOLCE

DIE LECKERSTEN ITALIENISCHEN SÜßSPEISEN

Bon appetit

COOKING

VERLAGSHAUS JACOBY & STUART

indice

inhalt

La cucina dolce
Süsses Italien

Es geschah bei einem meiner regelmäßigen Besuche im ersten Stockwerk des Ristorante Trussardi alla Scala in Mailand. Der Business Lunch war verspeist, der Bio-Weißwein aus der Region Marken mundete vorzüglich, und das süße Finale stand bevor. Ich entdeckte ein Dessert auf der Menükarte, das mich wirklich lockte: Tiramisù col Panettone. Auf meiner Menükarte steht diese Nachspeise wegen des unbelehrbaren Widerstands der meisten Nicht-Italiener gegenüber kandierten Früchten leider nicht mehr, und so wollte ich mir den Panettone an seinem Ursprungsort zu Gemüte führen.

Der Kellner schaute mich ein wenig entrüstet an und sagte, wenn ich schon Tiramisù versuchen wolle, dann gehe nichts, aber auch gar nichts über das des damaligen Küchenchefs. Andrea Berton hatte es entwickelt und als »Mitgift« in die Küche mitgebracht, als er bei dem Lifestyle-Konzern anheuerte. Als »sein« Tiramisù serviert wurde, tat ich etwas, was ich noch nie getan hatte – ich fotografierte es mit der Handykamera: ein großes konisches Trinkglas, über dessen Rand sich eine hauchdünne Schokoladenschicht spannte. Der Löffel musste diese krosse Schicht erst durchbrechen, um in eine Mousse aus lauwarmen Kaffee zu tauchen, und dann tiefer durch die Mascarponecreme hindurchzusinken und sich dann am Glasboden in einem Stückchen Biskuitteig wiederzufinden. Nie zuvor hatte (und habe) ich eine raffiniertere und leckerere Variation dieser Nachspeise verkostet.

Dieses Beispiel zeigt eines: Es gibt in der italienischen Nachspeisenküche kaum je ein Rezept, das eins zu eins umgesetzt werden muss, weil es sonst misslänge. Das ist nicht erstaunlich, denn es kommt der Liebe der Italiener zur Improvisation entgegen. Wie viele dieser Rezepte, die auf den nachfolgenden Seiten stehen, erweitert oder verändert werden können, ist der Phantasie der Köchin und des Kochs selbst überlassen. Gewiss ist es einfacher, sich an die Vorgaben zu halten, aber nicht immer sind alle Zutaten erhältlich oder vorrätig. Und gewisse Rezepte fehlen

in diesem Buch ganz und gar, weil sie viel zu kompliziert in der Zubereitung sind. Zum Beispiel glasierte Kastanien, für deren Herstellung man fast eine Woche benötigt. Im allgemeinen sind wenige Zutaten nötig – meist Eier und Zucker, Früchte und eine Creme – und schon ist eine leckere Nachspeise gemacht, mit der vor allem im Sommer das Essen süß beschlossen wird. So mögen es die Italiener. Bloß keine komplizierten Rezepte mit mehr als vier oder fünf Arbeitsschritten. So sind auch die Nachspeisen in diesem Buch konzipiert worden. Wenige Zutaten bringen garantierten Erfolg. Natürlich gibt es auch das eine oder andere kompliziertere Dessert, aber die meisten bestechen durch ihre Einfachheit.

Und noch einen Vorteil besitzen die meisten hier aufgeführten Nachspeisen: Sie lassen sich immer vorbereiten, so dass Sie nach dem Hauptgang nicht nochmal an den Herd müssen. Schön, nicht wahr? In aller Regel sind die Rezepte für genau vier Personen bemessen. Etliche Nachspeisen sprengen jedoch – notwendigerweise – den Rahmen dieses üblichen Maßes. Aber macht's was? Eigentlich nicht, denn die meisten dieser Nachspeisen schmecken auch noch am Tag danach – wenn sie nicht schon vorher auf mirakulöse Weise verschwunden sind …

Wo kommen die leckersten Nachspeisen Italiens her? Aus Sizilien? Auch, aber vor allem im Norden hantiert man gerne mit Creme, Eiern sowie Zucker und zaubert damit schöne und auch nahrhafte Nachspeisen hervor. Dass die Desserts in diesem Buch nach Früchten geordnet sind, macht ebenfalls Sinn: erntefrische Zutaten haben einen großen Vorteil. Die Früchte schmecken herrlich, müssen aber meist schnell verarbeitet werden. Gefrorene Früchte eignen sich nicht für die Dessertküche – kandierte indessen schon, aber das ist wieder eine andere Geschichte.

Kuchen, einige wenige Torten, Cremes oder so genannte »Löffeldesserts« (dolci al cucchiaio), Gebäck, Kekse – so endet meist im Alpenbogen eine Mahlzeit. Die berühmte Panna cotta sowie das Tiramisù sind Errungenschaften des Nordens. Je weiter südlich die Reise geht, desto mehr gelangen Früchte in vielen Variationen auf den Nachspeisentisch. Und endlich, in Sizilien, sind die Zuckerbäcker die wahren Künstler, die aus Marzipan bunte Kuchen, Küchlein und andere Leckereien für Zwischendurch zubereiten; und oft isst man zum »Frühstück« in Italien eine »pastina«, ein Gebäck. Und wer schon einmal in einer der vielen schönen Pasticcerias die Qual der Wahl erlebt hat, weiß, dass des Italieners Vorliebe für Süßspeisen eine ganz große ist.

Es ist eine Tatsache, und wenig bekannt, dass die großen Konditoreien Italiens vor über hundert Jahren zumeist von Schweizer Zuckerbäckern betrieben wurden, die überwiegend aus dem Engadin stammten und erst in Venedig und später dann in ganz Italien die Patisserien zur Blüte brachten. Es war und ist diese spezielle Fertigkeit im Umgang mit Süßspeisen, die in ganz Europa geschätzt wurde und die Dessertvariationen in Italien entscheidend bereicherte – geboren allerdings aus der Not, denn diese Zuckerbäcker hatten in Graubünden kein Auskommen mehr und mussten

mit ihren Kenntnissen emigrieren. Dass ihr Leben in den engen heißen Backstuben gewiss kein Zuckerschlecken war, sollten wir dabei nicht vergessen.

Ein Wort noch zu den Getränketipps und speziell zu den Weinen, die jeweils zu einzelnen, aber nicht allen Rezepten vorgeschlagen werden. Oftmals greift man gerne nach einem opulenten Mahl zu einem erfrischenden Dessertwein. Trinken soll man, was einem schmeckt. Und weil die Italiener genauso wie die Deutschen die Kultur der Spätlese (aber nicht des Eisweins) pflegen, kommt gerne ein Passito auf den Tisch – der kann vom Gardasee sein, zum Beispiel, und dann heisst er Recioto di Soave – herrlich! Weiße Dessertweine, auch mit schöner Säure, begleiten ein Dessert auf Cremebasis und lösen die Milchfette in den Nachspeisen angenehm auf. Und wenn sie »Bollicine« (Bläschen) enthalten, dann handelt es sich um einen wundervoll vinifizierten Asti. Oder roter Dessertwein, etwa ein Passito di Sagrantino – verbindet sich exzellent mit Schokoladendesserts und stützt das Kakaoaroma. Hier gilt wie überall: Das Gute ist der Feind des Besseren. Lassen Sie die Finger vom Zwei-Euro-Asti-Fusel aus dem Supermarkt, gönnen Sie sich eine schöne Bouteille raren Vin Santo aus der Toskana. Und Ihr Weinhändler hat sicher irgendwo eine Flasche Rosenmuskateller aus dem Südtirol gebunkert: her damit! Und vergessen Sie Schnaps.

Ich wünsche Ihnen sehr schöne süße Stunden – vor Tisch, zu Tisch und vor allem mit Nachtisch.

Carlo Bernasconi

Semifreddo
Halbgefrorenes

500 ml Sahne
1 Eiweiß
2 Eigelb
2 EL Zucker

- Sahne und Eiweiß jeweils separat steifschlagen und kühlstellen.
- Die Eigelb im Wasserbad mit dem Zucker
  in einer Schüssel schaumig rühren, die
  Schüssel aus dem Bad nehmen und weiterrühren, bis die Creme Zimmertemperatur
  erreicht hat.
- Zunächst die Sahne und danach das
  Eiweiß vorsichtig mit sanften Bewegungen
  von unten nach oben unterheben und
  mindestens drei Stunden ins Tiefkühlfach
  stellen.

Panna cotta
Gekochte Sahne

500 ml Sahne
50 g Zucker
2 g Agar-Agar (pflanzliches Geliermittel)
1 Beutel Vanillezucker

- Die Sahne mit dem Zucker und dem
  Agar-Agar in einen Topf geben und auf
  mittlerer Flamme so lange kochen, bis der
  Siedepunkt erreicht ist, sofort vom Feuer
  ziehen.
- Die so gekochte Sahne in entsprechende
  Behälter gießen und kalt stellen.

Wer mag, kocht auch noch eine
Vanillestange, der Länge nach aufge-
schlitzt, mit und entfernt sie bevor der
Siedepunkt erreicht ist.

caldo

freddo

Crema di Mascarpone
Mascarponecreme für Tiramisù

3 Eier, getrennt
50 g Zucker
1 EL Vanillezucker
300 g Mascarpone
abgeriebene Schale von ½ Zitrone

- Die Eiweiß sehr steifschlagen.
- Die Eigelb mit dem Zucker und Vanillezucker mittels eines Schneebesens oder Handrührgerätes zu einer schaumigen Creme verrühren.
- Dann den Mascarpone mit der abgeriebenen Zitronenschale dazugeben und zu einer homogenen Creme verarbeiten.
- Das steifgeschlagene Eiweiß mit gleichmäßigen sanften Bewegungen unterheben.

Wer der Creme noch mehr Volumen verleihen will, fügt am Ende noch 200 ml steif geschlagene Sahne darunter. Frischer Mascarpone lässt sich am besten mit einem Handrührgerät unter die Zucker-Ei-Masse verrühren, sonst bilden sich leicht Klümpchen. Natürlich lässt sich diese Creme auch mit Likören parfümieren oder mit der abgeriebenen Schale einer Orange. Und wer ein Tiramisù beispielsweise mit Erdbeeren zubereitet, kann die Erdbeeren mit der Gabel pürieren und unter die Mascarponecreme mischen.

Crema pasticiera
Konditorcreme

250 ml Milch
½ Vanilleschote
3 Eigelb
75 g Zucker
25 g Mehl

- 225 ml Milch in einem Topf mit der aufgeschlitzten und ausgekratzten halben Vanilleschote zum Kochen bringen, vom Feuer nehmen, Vanilleschote entfernen und Milch lauwarm auskühlen lassen.
- Inzwischen die Eigelb mit dem Zucker zu einer schaumigen Masse verrühren, danach das Mehl und zum Schluss 25 ml Milch dazu geben – alles gut verrühren.
- Den Topf wieder auf den Herd stellen, und die Masse mit einem Schneebesen in die Milch rühren und auf kleiner Flamme so lange köcheln, bis sich eine feste Creme gebildet hat, dabei immer mal wieder umrühren.
- Die Creme in ein flaches Gefäß geben, mit Klarsichtfolie bedecken und komplett auskühlen lassen, bevor sie weiterverwendet wird.

Pasta frolla
Mürbeteig

200 g Zucker
2 Eier
300 g zimmerwarme Butter
500 g Mehl

- Zucker, Eier und Butter miteinander vermengen, das Mehl dazugeben und gut kneten.
- Den Teig in Klarsichtfolie packen und mindestens 30 Min. im Kühlschrank ruhen lassen.

Pan di spagna
Biskuitteig

5 Eier, getrennt
150 g Zucker
100 g Mehl
1 EL Backpulver
1 EL Vanillezucker
Butter und Mehl für die Backform

- Backofen auf 180 °C vorheizen.
- Eine runde Backform (26 cm) ausbuttern und bemehlen, überschüssiges Mehl herausklopfen.
- Die Eigelb mit 2 EL Wasser und 75 g Zucker mit einem Schneebesen oder Handrührgerät auf niedrigster Stufe schaumig rühren. Das mit Backpulver gemischte Mehl langsam dazugeben und kontinuierlich einarbeiten, zum Schluss den Vanillezucker.
- Eiweiß mit dem restlichen Zucker sehr steifschlagen und mit gleichmäßigen sanften Bewegungen unterheben.
- Den Teig in die Backform geben und 30 Minuten backen bis er eine goldene Farbe angenommen hat. Mit einem Holzstäbchen die Garprobe machen (es darf kein Teig daran hängen bleiben).
- Den Biskuitboden noch ein paar Minuten im ausgeschalteten und geöffneten Backofen ruhen lassen, dann herausnehmen und vollständig abkühlen lassen, bevor er geschnitten wird.

Wer einen Schokoladenbiskuit wünscht, fügt dem Mehl 40 g Kakaopulver bei.

Pesche
Pfirsiche

6,8 Kilogramm Pfirsiche verzehren die Italiener im Jahr – der ursprünglich aus China stammende Baum findet im ganzen Mittelmeerraum ideale Bedingungen. Berühmt wurde der weiße Pfirsich unter anderem durch Arrigo Cipriani, der in seiner *Harry's Bar* in Venedig einen reifen Pfirsich durch ein Haarsieb strich und das Püree mit Prosecco zum unsterblich gewordenen Cocktail *Bellini* aufgoss. »Bella figura« macht der Pfirsich in jeder Fruchtschale und in jedem Dessert. Am liebsten genießen ihn die Italiener im Fruchtsalat. In meiner Küche bereichert er aber auch Fleischgerichte und paart sich ideal mit frischen Steinpilzen ...

Außerdem hatte ich ein besonderes Pfirsich-Erlebnis: Es gab vor vielen Jahren eine Trattoria am Arno-Ufer in Pisa, die ich mein Lebtag nicht vergesse werde. Dort beendete ich ein sommerliches Abendessen mit einem Pfirsich-Amaretto-Kuchen, den die Signora mit einer Vanillesauce servierte. Köstlichst. Was tun, um die Ferienerinnerungen daran aufzubewahren? Ich fragte sie einfach nach dem Rezept. Das ist frech. Aber es funktionierte.

Das ist jetzt zwölf Jahre her, und der Kuchen steht noch immer jeden Sommer auf der Menükarte – allerdings kommt bei mir keine Vanillesauce dazu, sondern Amarettolikör, um ihn noch »süffiger« zu servieren. Ich gestehe, das Rezept behagte mir anfangs nicht in allen Teilen, weshalb ich mind. fünf Jahre lang »pröbelte«, bis das Rezept stand – es ist auf Seite 25 nachzulesen.

Pesche ripiene con miele e amaretti
Mit Honig und Amaretti gefüllte Pfirsiche

FÜR 4 PORTIONEN
2 große weiße Pfirsiche (zur Not gelbe)
50 g Amarettikekse (S. 85)
2 EL Honig
1 TL abgeriebene Zitronenschale
1 EL Butter für die Form
1 EL Butter für die Pfirsiche

- Backofen auf 150 °C vorheizen.
- Die Pfirsiche waschen und schälen.
- Eine Auflaufform ausbuttern.
- Die Amaretti im Mixer oder Mörser zer-
  stoßen. In eine Schüssel geben, den Honig
  dazu träufeln und mit der abgeriebenen
  Zitronenschale gut mischen.
- Die Pfirsiche hälften, vorsichtig entstei-
  nen, mit einem Pariserlöffel noch ein
  wenig vom Fruchtfleisch wegkratzen und
  diese Vertiefungen mit der Amaretti-
  Mischung gleichmäßig füllen.
- Nebeneinander mit der Füllung nach
  oben in die Auflaufform geben, mit
  Butterflocken besetzen und in den Ofen
  schieben.
- Nach 15 Min. herausnehmen und etwa 30
  Min. auskühlen lassen.

Natürlich passt, weil es nur im Sommer
frische Pfirsiche gibt, ein leckeres
Vanilleeis dazu.

Als Getränk empfiehlt sich ein Caffè
freddo mit Amarettolikör. Dazu Espresso-
Kaffee zubereiten, in ein großes Glas
geben und mit Eiswürfeln auffüllen,
zum Schluss den Likör und Zucker nach
Belieben dazugeben und kräftig umrühren.

Pesche alla crema di vino rosso
Pfirsiche in Rotweincreme

FÜR 4 PORTIONEN
500 ml trockener Rotwein
100 ml Portwein
125 g Rohrzucker
3 Gewürznelken
1 Zimtstange
1 Vanilleschote
4 reife gelbe Pfirsiche

- Rotwein und Port in einen Topf gießen, Zucker, Gewürznelken und die Zimtstange dazugeben.
- Die Vanilleschote der Länge nach aufschneiden, die Samen mit einem spitzen Messer herausschaben und in den Topf geben. Auf mittlerer Flamme 5 Min. kochen.
- Inzwischen die Pfirsiche waschen und vierteln. Die Viertel weitere 5 Min. in der Sauce mitkochen, mit einem Schaumlöffel herausnehmen und auskühlen lassen.
- Nun die Sauce auf hoher Flamme auf ein Viertel ihres Volumens einkochen.
- Die Pfirsiche in eine gläserne Schale geben und mit der reduzierten Sauce übergießen. Die Nachspeise vor dem Servieren mind. 2 Stunden kühlstellen.

Eine Weinempfehlung verbietet sich, es sei denn, man habe im Keller noch eine Flasche Recioto d'Amarone vorrätig, denn nur dieser rote Dessertwein könnte die Nachspeise adäquat begleiten.

Pesche con zabaione al Moscato
Gebackene Pfirsiche mit Moscato-Schaumcreme

FÜR 4 PORTIONEN

6 zimmerwarme Eigelb
180 g Zucker
100 ml Moscato d'Asti
1 EL Butter
4 reife Pfirsiche
8 Amarettikekse, nach Belieben (S. 85)
50 g Mandelstifte

- Backofen auf 180 °C vorheizen.
- Die Eigelb mit 150 g Zucker in einer Schüssel schaumig schlagen.

- Die Schüssel in ein heißes Wasserbad auf dem Herd geben, die Masse weiter schlagen und dabei langsam den Wein angießen. Die Creme so lange schlagen, bis sie schön luftig geworden ist. Danach auskühlen lassen.
- Inzwischen die Pfirsiche waschen, schälen, hälften und entkernen.
- Eine Auflaufform ausbuttern, die Pfirsichhälften mit der restlichen Butter besetzen und Zucker bestreuen und 10 Min. backen.
- Inzwischen die Mandelstifte in einer beschichteten Pfanne ohne Fett auf kleiner Flamme rösten, bis sie duften.
- Die Amaretti im Mörser zu Bröseln zerstoßen.
- Die Pfirsichhälften auf vier tiefen Tellern anrichten, mit den Mandelstiften und den Amarettibröseln bestreuen, die Moscato-Schaumcreme um die Pfirsichhälften herum anrichten und servieren.

.. Ein prickelnder Cartizze di Valdobbiadene (ein leicht süßlicher Verwandter des Prosecco) passt ausgezeichnet zu diesem sommerlich-leichten Gericht.

Torta di pesche e amaretti
Pfirsich-Amaretto-Kuchen

FÜR 1 RUNDE KUCHENFORM (26 cm Ø)
200 g Amarettikekse (S. 85)
½ Portion Grundrezept Biskuitteig (S. 18)
4 Eier, getrennt
400 g frische Pfirsiche
300 g Pfirsichkonfitüre
100 g flüssige Butter
100 g Zucker
1 EL Vanillezucker

- Backofen auf 160 °C vorheizen.
- Die Backform ausbuttern und bemehlen.
- Die Amarettikekse im Mixer fein pürieren, den Biskuit ebenfalls.
- Die Pfirsiche waschen, schälen, hälften und in kleine Stücke schneiden, zu den Amaretti und dem Biskuit in eine große Schüssel geben.
- Danach die Pfirsichkonfitüre, die flüssige Butter, den Zucker, Vanillezucker und das Eigelb dazugeben und gut mischen.
- Eiweiß steifschlagen und mit einem Spatel vorsichtig unterheben.
- Die Masse in die Backform geben, gut verteilen und 30–40 Min. backen.

Der Kuchen schmeckt erst gut, wenn er nur noch lauwarm ist.

Als Begleiter empfiehlt sich ein Gläschen Amarettolikör oder ein Cartizze di Valdobbiadene (ein leicht süßlicher Verwandter des Prosecco).

Crema alla pesca
Pfirsichcreme

FÜR 4 PORTIONEN
4 reife Pfirsiche
3 Eigelb
80 g Zucker
50 ml Weißwein
3 EL Aprikosenlikör
150 ml Sahne

- Die Pfirsiche waschen, schälen, in kleine Stücke schneiden und durch ein Haarsieb streichen.
- In einem Topf auf kleiner Flamme die Eigelb mit dem Zucker schaumig rühren und danach das Pfirsichmus hineingeben; den Wein und den Likör dazufügen und auf kleiner Flamme unter ständigem Rühren so lange köcheln, bis die Creme eindickt. Die Creme darf nicht kochen.
- Anschließend die Creme in Gläser füllen und auskühlen lassen.
- Die Sahne steifschlagen und vor dem Servieren auf die Creme geben.

Gehobelte Schokoladenspäne verleihen der Nachspeise eine schöne Dekoration.

Als Getränk eignet sich ein Passito aus der Muskatellertraube.

la

MELA

Mele
Äpfel

Einmal im Jahr, wenn die Blätter von den Bäumen gefallen waren und der Winter vor der Tür stand, trugen starke Männer – vermutlich Bauern aus der Umgebung – je einen 50-Kilogramm-Sack mit Kartoffeln und mit Boskop-Äpfeln in den Keller unserer Wohnung am Bergacker in Zürich. Das lohnte sich, denn der Keller war schön trocken und kalt, und die günstig eingekaufte Ladung sollte den Speiseplan des Winters ergänzen. Wer in der Schweiz aufgewachsen ist, weiß, was eine »Wähe« oder ein »Fladen« ist: nämlich ein Blechkuchen mit einem Blätterteigboden und Früchten darauf. In unserer Familie war es ein einfacher Apfelkuchen, dem aber, weil das Geld nicht vorhanden war, der leckere Guss aus Sahne fehlte. Nonna Maria, die erst ganz spät in ihrem Leben, da war sie schon über siebzig Jahre alt, das Backen von »Wähen« erlernte, machte für mich den besten aller Apfelkuchen nördlich und südlich des Alpenzugs. Kein Wunder, als Norditalienerin war ihr der Umgang mit Äpfeln mehr als nur vertraut. Wäre sie in Südtirol aufgewachsen, hätte die Frucht des Paradieses sie schon ab dem frühesten Kindesalter begleitet. Denn aus dem Vinschgau kommen erwiesenermaßen die feinsten Äpfel ganz Italiens, weil das dortige Klima der Frucht ausgesprochen gut bekommt. Wer im April schon einmal durch den Vinschgau gefahren ist, wird sich immer an dieses Meer von Apfelblüten erinnern.

Kein Wunder also, dass viele Apfeldesserts in Italien eine eindeutige Herkunft haben. Was die bäuerlich geprägte Küche des Südtirol bietet, ist jedoch mehr als eine kluge Resteverwertung, denn sie hebt den Apfel in den Rang einer Preziose, die mit Sahne, Nüssen und Zucker ganz und gar wunderbare Verbindungen eingeht – und das nicht nur im Winter.

Torta di mele e nocciole
Apfel-Nuss-Kuchen

FÜR 1 RUNDE KUCHENFORM (26 cm Ø)
500 g Äpfel der Sorte Golden Delicious
abgeriebene Schale und Saft von
1 Zitrone
200 g Zucker
3 Eier
70 g flüssige Butter
200 g Mehl
100 g Haselnüsse, im Mörser leicht
zerstoßen
1 Beutel Trockenhefe (7 g)
Puderzucker zum Bestäuben

- Backofen auf 180 °C vorheizen.
- Die Backform ausbuttern und bemehlen, überschüssiges Mehl herausklopfen.
- Die Äpfel schälen, Kerngehäuse entfernen, in dünne Scheiben schneiden und sofort mit dem Zitronensaft beträufeln.

- Zucker, Eier und die flüssige Butter miteinander verrühren, das Mehl und die Haselnüsse sowie die abgeriebene Zitronenschale und zum Schluss die Trockenhefe darunter mischen. Zum Schluss die Apfelscheiben vorsichtig unterheben.
- Die Kuchenmasse in die Backform geben und etwa 30 Min. backen – gelegentlich mit einem Stäbchen die Garprobe machen (es darf kein Teig daran hängen bleiben).
- Den Kuchen vor dem Servieren mit Puderzucker bestäuben.

Der Kuchen bekommt noch mehr Aroma, wenn man die Haselnüsse etwa 5 Min. im Backofen bei 200 °C röstet. Aber bevor sie in die Teigmischung eingearbeitet werden, müssen sie komplett ausgekühlt sein.

Dazu passt idealerweise auch mal ein Moscato d'Asti.

Crema di mele
Apfelcreme

FÜR 4 PORTIONEN
4 eher süße Äpfel
50 g Zucker
3 EL Wasser
4 EL Mehl
1 TL Calvados oder Apfelsaft
100 ml Sahne nach Belieben

- Die Äpfel schälen, Kerngehäuse entfernen, in mittelgroße Stücke schneiden, und sofort in einem Topf mit dem Zucker und Wasser auf kleiner Flamme einkochen und mit einer Gabel zu Brei zerdrücken.
- Das Mehl einrühren und unter ständigem Rühren weiterkochen, bis eine cremige Konsistenz erreicht ist. Zum Schluss den Calvados oder Apfelsaft unterrühren.
- Wer die Creme luftiger mag, mischt die steifgeschlagene Sahne darunter, nachdem die Creme komplett ausgekühlt ist.
- In Glasschalen geben und wahlweise mit gegrillter Apfelscheibe oder getrockneten Apfelscheiben kühl servieren.

Diese Apfelcreme kann auch mit feingehackten Basilikumblättern oder frisch geriebenem Ingwer aromatisiert werden – allerdings in homöopathischen Dosen, damit die Aromabalance gewährt bleibt.

Hierzu passt eine Riesling Spätlese oder – noch besser – ein Cabernet Sauvignon Rosé Beerenauslese vom Weingut Frey aus der Pfalz.

Crostata di mele
Apfelkuchen

FÜR 1 RUNDE KUCHENFORM (26 cm Ø)
4 feste säuerliche Äpfel
Saft von 1 Zitrone
2 Eier
250 g Zucker
1 Beutel Vanillezucker (8 g)
100 g flüssige Butter
100 g Mehl
1 Beutel Backpulver (15 g)
100 ml Milch
Puderzucker zum Bestäuben

- Backofen auf 180 °C vorheizen.
- Die Backform ausbuttern und bemehlen, überschüssiges Mehl herausklopfen.
- Die Äpfel schälen, Kerngehäuse entfernen, in hauchdünne Scheiben schneiden und sofort mit Zitronensaft beträufeln.
- Die übrigen Zutaten mit einem Schneebesen oder Handrührgerät auf niedrigster Stufe gründlich verrühren.
- Die Apfelscheiben unter den relativ dickflüssigen Teig heben, die Masse in die vorbereitete Form geben und 45 Min. backen. Der Apfelkuchen darf eine schöne goldbraune Kruste bekommen.
- Mit Puderzucker bestäuben und lauwarm servieren.

Zusätzlich kann man noch 150 g getrocknete Feigen oder 150 g entkernte Datteln, in Stückchen geschnitten, beifügen.

Dazu passt ein Glas Vinsanto.

Mele ripiene al forno
Bratäpfel mit Nüssen und Datteln

FÜR 4 PORTIONEN
4 Äpfel der Sorte Renette oder
Golden Delicious
30 g Haselnüsse oder Mandeln, im Mörser
grob zerstoßen
3 Datteln, feingehackt
6 Amarettikekse (S. 85), im Mörser leicht
zerstoßen
1 EL brauner Rum
6 EL Zucker
1 Eigelb
1 EL Honig
1 EL kandierte Früchte
1 EL flüssige Butter

- Backofen auf 180 °C vorheizen.
- Das Kerngehäuse der Äpfel mit einem
  Ausstecher entfernen.
- In einer Schüssel die Haselnüsse, die
  Datteln und Amaretti mit 2 EL Zucker,
  dem Eigelb und Honig zu einer homo-
  genen Masse verrühren, den Rum darunter
  mischen und die Äpfel damit füllen.
- Die Öffnung der Äpfel mit kandierten
  Früchten verschließen.
- Die Gratinform mit flüssiger Butter
  ausstreichen und die Äpfel darein setzen;
  jeden Apfel mit 1 EL Zucker bestreuen
  und 45 Min. im Ofen backen.

Budino di mele
Apfelpudding

FÜR 4–6 PORTIONEN
50 g Sultaninen
6 Äpfel der Sorte Renette
3 EL Zucker
4 EL Butter
4 EL Paniermehl
3 Eiweiß
1 Messerspitze Zimtpulver
2 EL Portwein

- Den Backofen auf 150 °C vorheizen.
- Die Sultaninen in einer Tasse in warmem
  Wasser einweichen.
- Die Äpfel schälen, Kerngehäuse entfernen,
  in Würfel schneiden und sofort mit 100 ml
  Wasser in einen Topf geben und auf klei-
  ner Flamme einkochen.
- Vom Feuer nehmen, und das Mus mit einer
  Gabel zu einer feinen Creme verrühren.
- Zucker, Portwein und Zimtpulver dazu-
  geben und mit einem Holzlöffel gut einar-
  beiten, nochmals auf den Herd stellen, bis
  die Creme schön eingedickt und fast alle
  Flüssigkeit verdampft ist.
- Die heiße Creme in eine Schüssel geben,
  3 EL Butter, Paniermehl und die gut
  ausgedrückten Sultanien dazugeben. Die
  Masse komplett auskühlen lassen.
- Inzwischen das Eiweiß sehr steifschlagen,
  unter die kalte Masse heben und eine mit
  1 EL Butter ausgestrichene feuerfeste
  Form von mind. 1 Liter Inhalt mit der
  Masse füllen und 40 Min. im Ofen backen,
  bis sich eine leichte Kruste bildet.

Tiramisù con mele ai ferri
Tiramisù mit gegrillter Apfelscheibe

FÜR 4–6 PORTIONEN

100 ml Espresso-Kaffee
5 eher süßliche Äpfel
30 g Butter
100 g Zucker
1 Portion Grundrezept Mascarponecreme (S. 17)
½ Portion Grundrezept Biskuitteig (S. 18)
abgeriebene Schale von 1 Zitrone
4 EL Calvados oder Apfelsaft
2 EL Kakaopulver

- Kaffee zubereiten und beiseitestellen.
- 2 Äpfel für die Dekoration beiseitestellen. Die restlichen 3 Äpfel schälen, Kerngehäuse entfernen und in etwa 6 mm große Würfel schneiden.
- In einer Pfanne die Hälfte der Butter schaumig werden lassen, die Hitze auf die Hälfte reduzieren und den Pfannenboden mit dem Zucker bestreuen. Sobald der Zucker sich aufzulösen beginnt, die Apfelwürfel dazugeben, umrühren, noch max. 2 Min. mitkochen und unter die mit der abgeriebenen Zitronenschale verrührte Mascarponecreme mischen.
- Den Biskuitteig der Länge nach durchschneiden, beide Scheiben sollten etwa 5–7 mm dick sein. Eine rechteckige oder runde Glasform mit einer der Scheiben auslegen.
- Den Espresso-Kaffee gleichmäßig darüber träufeln und mit der Hälfte der Mascarpone-Apfel-Creme bestreichen, mit der zweiten Biskuitscheibe belegen, mit dem Calvados oder Apfelsaft beträufeln und mit der restlichen Creme bestreichen.
- Mit Kakaopulver bestäuben und mind. 10 Stunden, am besten aber über Nacht kühlstellen.
- Vor dem Servieren die 2 Äpfel in dünne Scheiben schneiden und sofort auf beiden Seiten jeweils 2 Min. in einer gebutterten Grillpfanne braten und als Dekoration in das auf Tellern oder in Schalen angerichtete Tiramisù stecken.

Als Getränk – warum nicht einmal? – einen süffigen Cidre de Normandie servieren.

la fragola

Fragole
Erdbeeren

Mag ja sein, dass die Erdbeere in der jüngsten Kochliteratur in die Schmuddelecke gestellt worden ist als eines jener Nahrungsmittel, das offenbar erotische Gelüste zu wecken vermag. Es ändert aber nichts daran, dass diese wunderbar aromatische Frucht schon ab Anfang April auf den Märkten Italiens feil geboten wird – und dort keinerlei ähnlich geartete Assoziationen weckt. Die mehrjährige Pflanze kommt in zahlreichen Formen und Größen auf den Markt. Klassische Anbaugebiete sind die Regionen Venezien, Emilia-Romagna, Kampanien und Piemont, eingeteilt werden sie nach Handelsklassen, mit denen der Umfang definiert wird.

Fürwahr, die Erdbeere gehört zu den delikatesten Früchten: Einmal geerntet will sie nicht lange darauf warten, als Dessert oder »al naturale« verzehrt zu werden. Im Kühlschrank bleibt sie nur wenige Tage frisch, und wer damit ein Tiramisù zubereiten will (S. 39), tut gut daran, die Gäste aufzufordern, es unverzüglich zu verzehren ... Das liegt allem voran daran, dass die Erdbeere zu 90% aus Wasser besteht – und gleichzeitig einen exorbitant hohen Anteil an Vitamin C aufweist. Und nirgendwo ein Milligramm Fett. Folgt also: bedenkenlos zugreifen, wenn sie leuchtend rot und vorzugsweise als »Pocahontas« – das ist die edelste unter den Erdbeeren – auf dem Marktstand wartet.

In der gehobenen Gastronomie übrigens wandert die Erdbeere gerne auch in einen gemischten Salat oder – ein Klassiker der venezianischen Küche – in einen Risotto und verleiht ihm einen schönen rosa Farbton.

Und dann gibt es da noch die Walderdbeere, die viel kleiner als die handelsüblichen Erdbeeren ist und intensiver im Geschmack, und leider genauso schnell verderblich wie ihre größeren Schwestern. Wer ihr begegnet, auf Märkten oder beim Spazieren, sollte sich die Walderdbeere unverzüglich aneignen, mit ein wenig Zucker bestreuen und mit einem guten Glas Dessertwein auf den Balkon sitzend genießen ...

Mattonella di fragole e Gianduja
Biskuitsandwich mit Gianduja-Schokolade und Erdbeeren

FÜR EINE KASTENFORM (25–27 cm LÄNGE)

400 g Erdbeeren
2 TL Zucker
300 ml Sahne
200 g Gianduja-Schokolade
1 EL Erdbeersirup oder -likör
½ Portion Grundrezept Schokoladen-
Biskuitteig (S. 18)
3 EL Erdbeerkonfitüre
1 TL warmes Wasser
3 EL Erdbeersauce (S. 40)

- Die Kastenform sorgfältig mit Klarsichtfolie auskleiden.
- Die Erdbeeren waschen, vierteln, mit dem Zucker bestreuen und kühlstellen.
- Sahne steifschlagen.
- Die Gianduja-Schokolade im Wasserbad schmelzen, etwas auskühlen lassen und mit dem Erdbeersirup unter die steifgeschlagene Sahne mischen.

- Den Boden der Kastenform etwa 1 cm hoch mit dem einmal längs durchgeschnittenen Biskuitboden belegen.
- Erdbeerkonfitüre mit dem Wasser zu einer Sauce verrühren und den Biskuitboden damit bestreichen.
- Die Kastenform bis zu einem Drittel mit dem Gianduja-Mousse füllen.
- Die Erdbeeren abtropfen lassen, den Saft beiseitestellen, und die Früchte vorsichtig über die ganze Fläche verteilen. Die restliche Gianduja-Mousse mit einem Löffel vorsichtig über die Beeren verteilen, mit dem Löffelrücken leicht andrücken und glatt verstreichen.
- Die Kastenform mit dem restlichen Biskuit belegen und mit dem aufgefangenen Erdbeersaft beträufeln.
- Mit Klarsichtfolie gut abdecken und mind. 24 Stunden im Kühlschrank ruhen lassen. Vor dem Servieren aus der Kastenform gleiten lassen und in Scheiben auf Tellern anrichten.

Weil dieses Rezept kaum Zucker enthält, passt eine Auslese hervorragend. Mein Favorit: Cabernet-Sauvignon Beerenauslese vom Weingut Frey aus der Pfalz. Der kolossal nach Quitte duftende Dessertwein harmoniert prächtig mit den Beeren und der Schokolade.

Mousse di fragole
Erdbeermousse

FÜR 4 PORTIONEN

800 g Erdbeeren
200 g Zucker
6 Eier, getrennt
4 cl brauner Rum
1 EL Agar-Agar (pflanzliches Geliermittel)
200 ml Sahne

- Die Erdbeeren waschen und mit 100 g Zucker zu einer feinen Creme pürieren.
- Die Eigelb mit dem restlichen Zucker zu einer schaumigen Creme verrühren.
- Die Eiweiß sehr steifschlagen.
- Den Rum in einem Topf leicht erwärmen und das Agar-Agar mit dem Schneebesen einrühren, bis es sich aufgelöst hat, dann unter die Creme heben.
- Die pürierten Erdbeeren dazugeben, das Eiweiß vorsichtig unter die Masse heben und für etwa 10 Stunden in den Kühlschrank stellen.

Dekorieren kann man das Mousse mit feingehobelter dunkler Schokolade (72% Kakaoanteil). Natürlich kann man dazu auch noch die Erdbeersauce von Seite 40 servieren.

Tiramisù con fragole
Erdbeertiramisù

FÜR 4–6 PORTIONEN

500 g Erdbeeren
40 g Zucker
1 Portion Grundrezept Mascarponecreme
(S. 17)
100 g Erdbeerkonfitüre
100 g Löffelbisquits
4 EL Erdbeersirup oder -likör
10 g Pfefferminze

- Die Erdbeeren waschen, vierteln, mit dem Zucker bestreuen, leicht umrühren und kühlstellen.
- Mascarponecreme und Erdbeerkonfitüre vorsichtig miteinander verrühren.
- Eine Glasschüssel im Durchmesser von etwa 20 cm mit den Löffelbisquits auskleiden.
- Sorgfältig den Erdbeersirup oder -likör über die Bisquits verteilen.
- Die Erdbeeren vorsichtig abgießen und den Saft über die Löffelbisquits geben.
- Die Hälfte der Creme über die Löffelbisquits verteilen, danach die Erdbeeren dazugeben, mit der restlichen Creme bedecken und mit einem Löffelrücken glatt verstreichen.
- Mind. 6 Stunden, vorzugsweise aber 12 Stunden im Kühlschrank ruhen lassen.

Als Getränk passt dazu am besten ein Cartizze di Valdobbiadene.

Fragole con aceto balsamico
Erdbeeren mit Balsamico Essig

FÜR 4 PORTIONEN
800 g Erdbeeren
100 g Zucker
80 ml Aceto di Balsamico di Modena
(mind. 10 Jahre alt)

- Die Erdbeeren waschen und hälften. Mit dem Zucker bestreuen und mind. 3 Stunden in den Kühlschrank stellen.
- Vor dem Servieren mit dem Balsamico beträufeln und vorsichtig mit einem Löffel vermischen. Sofort servieren.

Die »altersmilde« Säure des Essigs harmoniert perfekt mit den Erdbeeren. Jüngerer Balsamico ist nicht zu empfehlen, weil sein Säuregehalt viel zu hoch ist und das Dessert definitiv ruinieren würde.

Semifreddo allo zabaione con salsa di fragole
Halbgefrorenes Zabaione mit Erdbeersauce

FÜR 4 PORTIONEN
6 Eigelb
150 g Zucker
60 ml Marsala
200 g Erdbeeren
2 EL Erdbeersirup oder -likör

- Die Eigelb mit 60 g Zucker in einer Schüssel schaumig rühren. Die Schüssel ins Wasserbad stellen und bei kleinster Flamme unter stetigem Rühren etwa 10 Min. zu einer luftigen Masse aufgehen lassen, dabei den Marsala langsam unter die Masse geben.
- Danach in eine Kastenform füllen (25–27 cm Länge; vorher mit Klarsichtfolie auskleiden). Das Semifreddo mind. 4 Stunden ins Tiefkühlfach stellen und 10 Min. vor dem Servieren bei Zimmertemperatur leicht antauen lassen.
- Die Erdbeeren waschen und im Mixer mit dem Erdbeersirup oder -likör pürieren.
- Das Semifreddo auf Teller anrichten, mit Erdbeersauce beträufeln.

Statt Erdbeersirup oder -likör einige EL Erdbeerkonfitüre in wenig Wasser oder Weißwein erwärmen und als Sauce reichen.

Ein prickelnder Franciacorta Brut begleitet dieses Dessert vorzüglich.

PASTICCERIA

more

lamponi

BACCHE

Bacche
Beeren

Himbeere, Brombeere, Heidelbeere – verbreitet sind diese Früchte überall, und alles wächst im Überfluss in Italien. Freilich, so schön sie auch aussehen, so lecker sie auch schmecken, einmal gepflückt müssen sie sofort verarbeitet werden, weil sie sonst an Aussehen verlieren und in der Textur rapide zerfallen. Und wehe, sie kommen mit Wasser in Berührung! Wer sie also für die Zubereitung von Nachtischen einkauft, sollte sie innert weniger Stunden verarbeitet haben. Und weil sie roh am besten schmecken und auch sehr schön aussehen, eignen sie sich vor allem zur Dekoration von Desserts; gekocht (höchstens als Sirup) haben sie schon vieles von dem eingebüßt, was sie auszeichnet. Dann aber können sie einem weiteren, nicht minder leckerem Verwendungszweck zugeführt werden, denn aus ihrer Maische kochen Kenner am Brennkessel hochwertige Schnäpse: Himbeergeist, Brombeergeist und ähnlich Hochprozentiges oder sie fertigen daraus Essig an. Natürlich fehlen in diesem Aggregatszustand der Früchte ihre hervorragenden Eigenschaften: ein hoher Vitamingehalt (Vitamin B), viel Zucker (10%) und die beruhigende Wirkung auf den Magen-Darmtrakt.

In der italienischen Dessertküche spielen diese Früchte keine untergeordnete, aber auch keine übergeordnete Rolle. Man begnügt sich in der Regel damit, sie am Ende einer Mahlzeit mit Schlagsahne oder/und Zucker zu servieren, gelegentlich unter Zugabe eines feinen weißen Dessertweins. Ihr volles Aroma kommt eben am besten zur Geltung, wenn diese Staudenfrüchte frisch verzehrt werden.

Semifreddo di lamponi
Himbeerhalbgefrorenes

FÜR 6 PORTIONEN
6 Eigelb
250 g Zucker
500 g Himbeeren
750 ml Sahne

- Eigelb und Zucker in eine Schüssel geben und im Wasserbad so lange schaumig schlagen, bis sich eine feste Creme bildet.
- Schüssel aus dem Wasserbad nehmen und solange weiterrühren, bis die Creme ausgekühlt ist.
- Himbeeren mit einem Löffel zerdrücken.
- Die Sahne steifschlagen. Die Himbeeren darunter mischen, dann die Eigelb-Zucker-Creme vorsichtig unterheben.
- Eine Kastenform (25–27 cm Länge) mit Klarsichtfolie auslegen und die Masse einfüllen. Mit einem Löffelrücken die Oberfläche glatt streichen und danach für mind. 4 Stunden ins Tiefkühlfach stellen.
- Etwa 15 Min. vor dem Servieren herausnehmen, die Klarsichtfolie vorsichtig entfernen, das Halbgefrorene in Scheiben schneiden und servieren.

Auf diese Weise lassen sich auch andere Früchte-Semifreddi herstellen, beispielsweise mit Brombeeren, pürierten Kirschen, Aprikosen, Pfirsichen und so weiter.

Torta di more e mele
Brombeer-Apfel-Kuchen

FÜR 1 RUNDE KUCHENFORM (24 cm Ø)
4 mittelgroße Äpfel der Sorte Golden Delicious
Saft von 1 Zitrone
1 gestrichener TL Zimt
50 g Zucker
1 Portion Grundrezept Mürbeteig (S. 18)
100 g Brombeeren
40 g Pinienkerne
Puderzucker zum Bestäuben

- Backofen auf 180 °C vorheizen.
- Die Äpfel schälen, Kerngehäuse entfernen und in etwa 1 cm kleine Stücke schneiden. Mit dem Saft der Zitrone beträufeln, mit Zimt und Zucker auf großer Flamme in einem Topf etwa 5 Min. köcheln und dann auskühlen lassen.
- Die Backform ausbuttern und bemehlen, überschüssiges Mehl herausklopfen, mit drei Viertel des Mürbeteigs auslegen, den Rand ein wenig hochziehen, darauf die Apfelstücke und dann die Brombeeren sowie die Pinienkerne verteilen.
- Den restlichen Mürbeteig in Streifen schneiden und damit den Kuchen bedecken. Etwa 30 Min. im Ofen backen, bis der Teig goldgelb ist.
- Mit Puderzucker bestäuben und lauwarm servieren.

Dazu passt ein trockener Schaumwein aus dem Trentino.

Crostata di lamponi
Himbeerkuchen

FÜR 1 RUNDE KUCHENFORM (26 cm Ø)

FÜR DEN TEIG
250 g Mehl
2 EL Backpulver
30 g Zucker
1 Prise Salz
150 g zimmerwarme Butter

FÜR DIE CREME
60 g Zucker
600 ml Sahne
500 g frische Himbeeren

FÜR DIE DEKORATION
250 g Himbeeren

- Backofen auf 200 °C vorheizen.
- Die Zutaten für den Teig im Standmixer oder einer Küchenmaschine vermengen, bis ein glatter Teig entstanden ist. Bei Bedarf etwas Milch hinzufügen. Den Teig in Klarsichtfolie einschlagen und 30 Min. im Kühlschrank ruhen lassen.
- Den Teig auswallen, eine bebutterte Backform damit auskleiden, den Rand ein wenig hochziehen.
- Den Teig mit Backpapier belegen, mit getrockneten Hülsenfrüchten oder Reis bedecken und etwa 15 Min. blind backen. Kuchenboden auskühlen lassen.
- Inzwischen 500 g Himbeeren mit 60 g Zucker kräftig zu einer cremigen Masse verrühren.
- Die Sahne sehr steifschlagen, die Creme vorsichtig unterheben und das Ganze auf dem ausgekühlten Kuchenboden verteilen.
- Mit den restlichen 250 g Himbeeren dekorieren und sofort servieren.

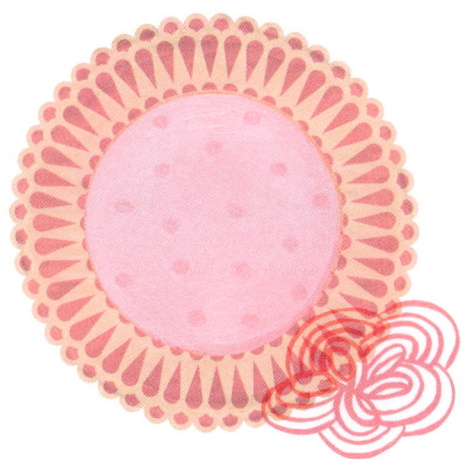

Ravioli dolci con frutti di bosco e coulis di lamponi
Süsse Ravioli mit Waldbeeren auf Himbeersauce

ERGIBT ETWA 20 RAVIOLI

FÜR DIE FÜLLUNG
400 g Himbeeren
150 g Puderzucker
250 g Ricotta
30 g Mandelnmehl
150 g Zucker
1 Prise Muskatnuss
60 g Kochschokolade, gerieben
40 g kandierte Zedernwürfel
250 g Mehl
3 Eier
1 Eigelb
Salz
Öl zum Ausbacken
300 g frische Waldbeeren

- Die Himbeeren mit dem Puderzucker pürieren und durch ein Haarsieb streichen, damit keine Samen in die Sauce gelangen und beiseitestellen.
- Ricotta in einer Schüssel mit dem geriebenen Mandelmehl, 50 g Zucker, frisch geriebener Muskatnuss sowie den Schokoladensplittern und kandierten Zedernwürfeln vermengen.
- Mehl mit den Eiern, dem Eigelb, 50 g Zucker und einer Prise Salz zu einem glatten Teig kneten.

- Teig 30 Min. ruhen lassen und dann auswallen und in Quadrate von etwa 2–3 mm Dicke und 5–6 cm Größe schneiden.
- Auf die eine Hälfte der Quadrate mit einem Löffel die Füllung verteilen, mit einem Pinsel die Ränder der Teigquadrate befeuchten und mit der anderen Hälfte der Teigquadrate verschließen.
- Die Ravioli in reichlich heißem (aber nicht rauchend heißem) Erdnuss- oder Sonnenblumenöl frittieren, bis sie goldgelb sind.
- Mit einer Schaumkelle auf Küchenkrepp geben und abtropfen lassen.
- Mit dem restlichen Zucker bestreuen und den Waldbeeren auf der Himbeersauce warm servieren.

Dazu passt eine schöne Beerenauslese aus der Pfalz vom Weingut Frey in Essingen.

CANZONE D'AMORE

Ciliege
Kirschen

Es gibt nur wenige Früchte in diesem Buch, deren Auftauchen auf den Speiseplänen so genau lokalisiert werden kann wie das der Kirsche. Kein Geringerer als Lucius Licinius Lucullus, römischer Feldherr, brachte im Jahre 74 vor unserer Zeitrechnung auf seiner Rückreise nach Rom aus der Hafenstadt Kerasos (heutiges Giresun in der Türkei) einige der dort angeblich seit Jahrhunderten kultivierten Pflanzen nach Italien. Diese Pflanzen gelten als die Vorgänger der heutigen Süßkirschen und verbreiteten sich später auf dem ganzen Kontinent.

Die Kirschernte findet in Italien von Mitte Mai bis Anfang Juli statt. Unterschieden werden zwei Kirschsorten; die süße, die bei uns die Marktstände überquellen lässt, und die »saurere« Variante, die Weichselkirsche (Amarena). Letztere wird vor allem als Destillat verwendet, aus der etwa dem bekannte Maraschinolikör gebrannt wird, einem Aromaträger für Fruchtsalate, derweil die süßere Frucht vor allem für das Brennen von Kirschwasser verwendet wird – aber nicht nur: Sie begleitet auch leckere Wildgerichte und kontrastiert mit ihrem Säureanteil das eher süßliche Wildfleisch.

Die Kirsche selbst soll möglichst rasch nach ihrer Ernte verwertet werden. Und in der Dessertküche kennt ihr Einsatz fast keine Grenzen, sei es als frische Frucht in einem Kuchen (Crostata) oder in Cakes oder als Dekoration. Gekocht wird sie meistens als Clafoutis serviert, schwimmend in einem Sahne-Eier-»Bad«. Als eingekochte Frucht (Konfitüre) wird sie von Patissiers ebenso geschätzt, weil sie, die aromatisch intensive – als Glasur eingesetzt werden kann.

Im Übrigen besitzt die Kirsche auch ihren eigenen lokalen Heiligen: San Gerardo dei Tintori. Ihm ist eine Kirche in der Stadt Monza (bei Mailand) geweiht, in der am 6. Juni jeweils seiner gedacht wird. Eines seiner Wunder soll darin bestanden haben, dass er einmal den Pförtnern des Domes – mitten im Winter – einen Korb frischer Kirschen versprochen habe, falls sie ihn über die Schließzeiten des Doms hinaus beten ließen. Anderntags, so die Legende, überreichte er dann die frischen Kirschen.

Budino di ciliege
Kirschpudding

FÜR 4 PORTIONEN
250 g Kirschen
50 g Zucker
50 g Mehl
50 g Butter
500 ml Milch
1 Vanilleschote
abgeriebene Schale von 1 Zitrone
150 ml Sahne
30 g Mandelsplitter

- Die Kirschen entsteinen und kleinschneiden. Mit dem Zucker mischen und 30 Min. kalt stellen.
- In einem Topf auf kleiner Flamme Butter und Milch erhitzen, das Mehl unter ständigem Schlagen mit dem Schneebesen hinzufügen, es dürfen sich keine Klümpchen bilden.
- Die Vanilleschote der Länge nach aufschlitzen, die Samen mit einem spitzen Messer auskratzen und zur Creme geben.
- Die Kirschen aus dem Kühlschrank nehmen und in die Creme rühren, zum Abschluss die abgeriebene Zitronenschale dazu geben und noch einige Minuten köcheln lassen.
- Die Creme in vier Dessertschalen geben und mind. 4 Stunden im Kühlschrank kühlstellen.
- Die Sahne sehr steifschlagen, und das Dessert mit der Sahne und den Mandelsplittern dekorieren.

Crostata di ciliege
Kirschkuchen

FÜR 1 RUNDE KUCHENFORM (26 cm Ø)
1 Portion Grundrezept Mürbeteig (S. 18)
150 g Zucker
50 g Mandelmehl
4 Eier
200 ml Sahne
400 g Kirschen, entsteint

- Backofen auf 160 °C vorheizen
- Den Mürbeteig auswallen, Backform mit Backpapier belegen und mit dem Teig auskleiden, Rand hochziehen.
- 50 g Zucker mit dem Mandelmehl mischen und auf dem Kuchenboden verteilen.
- Eier, Sahne und den restlichen Zucker mit dem Schneebesen gut verrühren, die Kirschen dazu geben und vorsichtig mischen.
- Auf den Kuchenboden geben und etwa 40 Min. im Ofen backen, bis der Kuchen eine goldbraune Farbe bekommt.

Als Begleiter eignet sich natürlich ein Kaffee mit Kirschlikör.

Composto di ciliege
Kirschcreme

FÜR 4 PORTIONEN
600 g Kirschen
100 g Zucker
50 ml Maraschinolikör
abgeriebene Schale von 1 Zitrone
abgeriebene Schale von 1 Orange
1 Vanilleschote
600 g Vanilleeis

- Die entsteinten und halbierten Kirschen in einem Topf mit dem Zucker und Maraschinolikör auf kleiner Flamme so lange kochen, bis nahezu alle Flüssigkeit verdampft ist.
- Die Vanilleschote der Länge nach aufschlitzen, die Samen mit einem spitzen Messer auskratzen und dazugeben, ebenso die abgeriebenen Zitrusschalen und nochmals etwa 30 Min. auf kleinster Flamme köcheln.
- Die Früchte in ein grobes Sieb geben, die Flüssigkeit in einem Topf auffangen und zu Sirup einkochen. Die Früchte durch das Sieb in eine Schüssel passieren.
- Das Vanilleeis auf Tellern anrichten, die Kirschcreme über das Eis geben und mit dem Sirup verfeinern.

Vanilleeis lässt die Aromen der eingekochten Früchte am besten zur Geltung kommen; die Creme passt aber auch gut zu einem Panna cotta.

Zuppa di ciliege speziata al Porto
Kirschsuppe mit Portwein

FÜR 4 PORTIONEN
500 g Kirschen
½ Zimtstange
½ Vanilleschote
Saft 1 Zitrone
abgeriebene Schale von ½ Orange
100 ml Portwein
30 g Mandelsplitter

- Die entsteinten und halbierten Kirschen mit der Zimtstange und den ausgekratzten Samen der halben Vanilleschote, dem Saft der Zitrone sowie der abgeriebenen Orangeschale in einen Topf geben und etwa 10 Min. auf kleiner Flamme köcheln.
- 200 g der gekochten Kirschen im Mixer pürieren und mit dem Portwein vermischen. Diese Masse über die restlichen Kirschen gießen und mit Mandelsplittern dekorieren.

Natürlich schmeckt dieses Dessert am besten, wenn es einige Stunden im Kühlschrank steht und kalt serviert wird. Im Sommer passt auch eine Kugel Vanilleeis gut in die Suppe, und wer die Nachspeise gerne ein wenig alkoholreicher mag, gibt noch einige Tropfen Kirschlikör in die Suppe.

il FICO

Fichi
Feigen

Die Botaniker haben ganze Arbeit geleistet: Über 700 Feigenarten sind auf der Welt bekannt, und die Welt bedeutet hier der Mittelmeerraum, insbesondere die Türkei, wo die Früchte zuerst entdeckt und später von den Römern popularisiert wurden. Im Sommer stammen die meisten Feigen aus den Mittelmeerländern. Im Winter sind getrocknete Feigen auf Grund ihres hohen Zuckergehalts wahre Energiespender. So habe ich sie um die Weihnachtszeit als Kind kennen- und später, in aller Frische, ihre diversen Vorzüge schätzengelernt, denn auch in der »salzigen« Küche machen sie sich gut, zum Beispiel in einem Parmaschinkenmantel gebraten.

Sind auf dem Markt die herrlichen grünen Feigen aus Süditalien erhältlich, greifen Sie unbedenklich zu, diese können Sie mit Haut und Haar verzehren; bei den üblicherweise im Herbst in großen Mengen aus der Türkei und im Winter aus Brasilien stammenden blauen Feigen müssen Sie, je nach eigenem Gusto, die Früchte – wenn sie roh gegessen werden – schälen, aber vorsichtig, damit das Fruchtfleisch keinen Schaden nimmt. Ihr hoher Wasseranteil (über 80%) erlaubt es nicht, die Früchte, einmal am Markt erbeutet, über längere Zeit in Haft zu nehmen; sie wollen rasch mit einem weichen feuchten Tuch gesäubert und danach in einem Bad aus Zucker und Rotwein oder Marsala dargereicht werden. Kühl, natürlich. So lieben die Italiener ihre Feigen im Sommer.

Wer sie frisch kauft, sollte darauf achten, dass ihr Transportweg nicht zu lang ausgefallen ist; sie verlieren nämlich schnell ihr Aroma. Frisch vom Baum gepflückt, sind sie eine wahre Delikatesse und brauchen keine weitere Begleitung, weder Sahne noch Zucker oder Liköre – alles würde das sonnenvolle Aroma dieser Frucht zerstören. Auch wenn der Feigenbaum trockene und heiße Standorte bevorzugt, so können auch nördlich des Alpenbogens feine Früchte geerntet werden, wenn der Baum vorzugsweise an einer Hauswand mit Südlage gewachsen ist und vor bösen Winden geschützt ist.

Auf alle Fälle schätze ich die Feige vor allen anderen Früchten, wenn sie erntefrisch auf dem Markt ist – weil sie aromatisch komplex und vielseitiger verwendbar ist, bis hin als Begleiterin eines herrlich reifen Gorgonzola, wenn ich mal keine Lust auf Süßes habe. Aber das kommt auch nur alle Schaltjahre mal vor.

Crostata di fichi al vino rosso
Tarte mit beschwipsten Feigen

FÜR EINE TARTEFORM (26 cm Ø)
150 g Zucker
300 ml Rotwein
10 wirklich reife Feigen
1 Portion Grundrezept Mürbeteig (S. 18)
½ Portion Grundrezept Konditorcreme
(S. 17)
Puderzucker zum Bestäuben

- Backofen auf 160 °C vorheizen.
- Den Zucker im Rotwein auflösen, die gewaschenen und mit der Schale geviertelten Feigenstücke dazugeben und 10 Min. auf kleiner Flamme köcheln.
- Die Feigenstücke mit einem Schaumlöffel auf einen Teller geben, die Sauce zu Sirup einkochen und beiseitestellen.
- Kuchenteig dritteln. Zwei Drittel des Teigs auswallen und damit die Tarteform auslegen, an den Rändern hochziehen. Das restliche Drittel auf Backpapier zu einem dünnen Teigdeckel ausrollen.

- Die Tarteform und Teigdeckel für 30 Min. in den Kühlschrank stellen.
- Inzwischen die Konditorcreme nach Grundrezept zubereiten. Feigenstücke mit der Creme vermengen und gleichmäßig auf dem Teigboden verteilen. Teigdeckel vorsichtig darauf setzen und 30 Min. im Ofen backen, bis sich eine goldgelbe Kruste bildet.
- Den Kuchen etwas auskühlen lassen, in Stücke schneiden und mit dem Sirup begießen und Puderzucker bestäuben.

Dieser Kuchen schmeckt am besten lauwarm mit einem Glas Marsala.

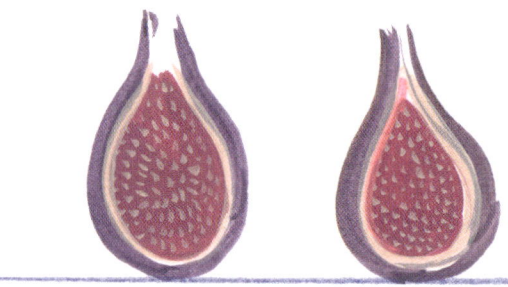

Torta di fichi al Marsala
Feigenkuchen mit Marsala

FÜR 1 RUNDE KUCHENFORM (26 cm Ø)
600 g frische, nicht vollreife Feigen (etwa
10 Stück)
3 EL Zucker
300 g Mehl
1 Ei
100 ml Marsala
abgeriebene Schale von 1 Zitrone
1 Beutel Trockenhefe (7 g)
30 g Butter

- Backofen auf 170 °C vorheizen.
- Die Feigen mit einem feuchten Tuch säubern und mit der Schale in kleine Stücke schneiden.
- Zucker, Mehl, Ei, Marsala und abgeriebene Zitronenschale dazugeben und vorsichtig verrühren, zum Schluss die Trockenhefe unterheben.
- Die Backform ausbuttern und bemehlen, überschüssiges Mehl herausklopfen, und die Masse darin gleichmäßig verteilen.
- Etwa 45 Min. im Backofen backen, bis der Teig goldbraun ist.

Fichi al miele
Feigen mit Honig

FÜR 4 PORTIONEN
8 wirklich reife Feigen
100 ml Weißwein
100 g Honig
2 Gewürznelken
1 Stück Zimtstange, etwa 10 cm

- Die Feigen mit einem feuchten Tuch säubern, dann mit einem Zahnstocher kleine Löcher in die Feigen stechen. Die Feigen in einem Topf aufrecht nebeneinander stellen, Wein, Honig und Gewürze dazugeben und etwa 10 Min. auf kleiner Flamme köcheln.
- Die Feigen mit einem Schaumlöffel auf Teller verteilen, die Sauce zu Sirup einkochen und über die Feigen gießen.
- Vor dem Servieren mind. 1 Stunde in den Kühlschrank stellen.

Fichi ripieni
Gefüllte Feigen

FÜR 2 PORTIONEN
4 kleine frische Feigen
3 Löffelbiskuit
25 g Haselnuss- oder Mandelmehl
1 EL Honig
20 g weiche Butter
100 ml Sahne
abgeriebene Schale von 1 Zitrone

- Backofen auf 180 °C vorheizen.
- Die Feigen mit einem feuchten Tuch reinigen, das obere Drittel wegschneiden, das Fruchtfleisch mit einem Löffel auskratzen und zusammen mit den Löffelbiskuit, Nussmehl, Honig und Butter im Mixer pürieren.
- Die ausgehöhlten Feigen mit der Masse füllen und etwa 5 Min. im Backofen garen.
- Inzwischen die Sahne steifschlagen und die abgeriebene Zitronenschale darunter mischen.
- Die Feigen lauwarm servieren und mit der Sahne dekorieren.

Fichi alla panna e profumo di Cognac
Feigen mit Sahne und Cognac

FÜR 4 PORTIONEN
8 frische Feigen
40 g Zucker
50 ml Cognac
200 ml frische Sahne

- Die Feigen vorsichtig schälen und kreuzweise einschneiden, sie sollen am Boden aber noch zusammenhängen. Die Viertel ein wenig auseinander drücken, so dass sie wie geöffnete Blüten aussehen, mit dem Zucker bestreuen und mit dem Cognac beträufeln.
- Die Feigen für einige Stunden in den Kühlschrank stellen.
- Vor dem Servieren den ausgetretenen Feigensaft auffangen, die Sahne steifschlagen und über den Feigen verteilen. Den Saft über die Sahne gießen und servieren.

Anstelle von Cognac passen auch Rum oder Cointreau gut zu dieser einfachen Nachspeise.

Tiramisù con fichi e confettura di fichi
Feigentiramisù mit Feigenkonfitüre

FÜR 6–8 PORTIONEN

½ Portion Grundrezept Biskuitteig (S. 18)
150 ml Espresso
10 wirklich reife Feigen
1 Portion Mascarponecreme (S. 17)
200 g Feigenkonfitüre
2 EL Portwein
Kakaopulver zum Bestäuben

- Den Biskuitboden längs durchschneiden, eine rechteckige Glasschüssel (oder wahlweise auch 6–8 dekorative Trinkgläser) damit auslegen und mit dem Espresso benetzen.

- Die Feigen mit einem feuchten Tuch säubern, vorsichtig trockenreiben und mit der Schale in dünne Scheiben schneiden.
- Die Feigenscheiben auf dem Kuchenboden verteilen und mit der Hälfte der Mascarponecreme bedecken.
- Darauf die zweite Schicht Biskuitboden setzen.
- Die Feigenkonfitüre mit dem Portwein zu einer leicht flüssigen Paste verrühren und mit dem Löffelrücken auf dem Kuchenboden verteilen.
- Mit der restlichen Mascarponecreme bedecken, mit Kakaopulver bestäuben und für 12 Stunden im Kühlschrank ruhen lassen.

MARMELLATA

il cioc colato

Cioccolato
Schokolade

Keine Frage, wer in der Schweiz aufgewachsen ist, kann es kaum glauben, dass außerhalb der Landesgrenzen bessere Schokolade hergestellt werden soll, in Belgien zum Beispiel, oder im Piemont. Allerdings bieten die eidgenössischen Supermärkte in aller Regel Schokolade an, deren Tafeln zu erschwinglichen Preisen in den Regalen zum Kauf verführen. Meine für die Schokoladendesserts verwendete stammt (nach etlichen Versuchen) aus einem Supermarkt und enthält 72% Kakaoanteil. So viel muss sein, damit der typische Schokoladengeschmack erkennbar wird und die Nachspeise trotzdem nicht bitter schmeckt. Alle anderen Schokotafeln, die teils mit 85% oder gar 99% Kakaoanteil locken, sind für die Dessertküche kaum einsetzbar. So viel muss man wissen. Es gilt, was auch für viele andere Nahrungsmittel zutrifft: keine Qualitätskompromisse eingehen und selbst ausprobieren, was einem eine gelungene Nachspeise wert ist. So viel zur Qualität.

Ein anderes Kapitel ist die Verarbeitung von Schokolade, die in der Regel im Wasserbad zu schmelzen ist. Sie darf beim Weiterverarbeiten nicht zu heiß, aber auch nicht ausgekühlt sein – in letzterem Fall fängt sie nämlich an zu erstarren, und dann muss das Prozedere wieder von vorne beginnen. Schokolade verlangt die ganze Aufmerksamkeit und dankt es danach mit großartigen Aromen. Und mit einer neurobiologischen Reaktion im Körper: Es ist erwiesen, dass Schokolade den Neurotransmitter Serotonin – im Volksmund auch als Glückshormon bekannt – befördert, wissenschaftlich genauer liest es sich so: Ungesüßtes Kakaopulver enthält 1–3% Theobromin, das chemisch dem Koffein ähnlich ist. Es wirkt auf den Organismus mild und dauerhaft anregend und ist leicht stimmungsaufhellend. Na also.

Bunet o Bonet
Piemontesischer Schokoladenflan

FÜR EINE KASTENFORM
(25–27 cm LÄNGE)
130 g Zucker
50 g Kakaopulver
200 g Amarettikekse (S. 85)
700 ml Vollmilch
2 EL Cointreau oder Rum
6 Eier

FÜR DAS KARAMELL
70 g Zucker
2–3 EL Wasser

- Backofen auf 180 °C vorheizen.
- In einer Schüssel den Zucker und das Kakaopulver mit den zuvor zerbröselten Amarettikeksen mischen.
- Die Milch mit Cointreau oder Rum in einem Topf heiß werden lassen, sie darf nicht kochen, vorsichtig in die Schüssel gießen und mit einem Holzlöffel mit der Zucker-Keksmasse sorgfältig verrühren.
- Die Eier unter die Masse geben und gut verrühren. In einem Topf den Zucker mit dem Wasser auf mittlerer Flamme schmelzen, bis das Karamell eine goldbraune Farbe angenommen hat. Achtung, nicht mit dem Holzlöffel darin rühren, sondern die Pfanne in konzentrischen Kreisen bewegen.
- Den Boden der ausgebutterten Kastenform mit dem Karamell begießen, mit der Schokomasse auffüllen und mit Aluminiumfolie abdecken.

- Ein tiefes Backblech oder eine große Gratinform zu zwei Dritteln mit heißem Wasser füllen und die Kastenform darin im Ofen (Wasserbad) etwa 45 Min. backen.
- Die Aluminiumfolie entfernen und 30 Min. weiterbacken, bis sich eine schöne Kruste gebildet hat.
- Aus dem Ofen nehmen und vollständig auskühlen lassen.

Bei derr helvetischen Variante wird anstelle von Kakaopulver 150 g weiße Toblerone Schokolade in der Milch geschmolzen. Das ergibt einen hellen Pudding, den man anschließend noch mit Kakaopulver bestreuen und – auf Wunsch – mit in Rum oder Portwein marinierten frischen Erdbeerstückchen serviert. Eine Fruchtbegleitung bietet sich insofern an, als der hohe Zuckeranteil im Bunet sehr gut mit der Säure frischer Beeren harmoniert.

Zum Bunet gesellt sich gern ein roter Dessertwein vom Typ Acinatico aus dem Valpolicella. Ein schöner Passito di Sagrantino erfreut den Gaumen ebenso. Schleckmäuler servieren dazu noch frische Sahne. Die Nachspeise mit der weißen Schokolade verlangt allerdings eher nach einem säurehaltigeren Dessertwein wie zum Beispiel einen Moscato d'Asti.

Torta di cioccolata
Schokoladenkuchen

FÜR 1 RUNDE KUCHENFORM (26 cm Ø)

200 g Schokolade (72% Kakaoanteil)
200 g Butter
4 Eier, getrennt
200 g Zucker
1 EL Vanillezucker
10 g Mehl
Puderzucker zum Bestäuben

- Backofen auf 180 °C vorheizen.
- Die Schokolade mit der Butter im Wasserbad schmelzen.
- Die Eigelb mit Zucker und Vanillezucker schaumig rühren.
- Die Eiweiß sehr steifschlagen.
- Die geschmolzene Schokoladen-Butter-Masse aus dem Wasserbad nehmen und mind. 30 Min. auskühlen lassen, danach mit dem Mehl unter die Zucker-Ei-Masse rühren.

- Zum Schluss das Eiweiß sehr vorsichtig von unten nach oben unterheben.
- Die Kuchenmasse in die ausgebutterte und bemehlte Backform geben und etwa 25 Min. backen, bis sich eine feine Kruste gebildet hat.
- Den Kuchen fast vollständig auskühlen lassen und mit Puderzucker bestäuben.

Besonders lecker ist dieser Kuchen, wenn er lauwarm serviert wird. Schleckmäuler verzieren ihn gerne noch mit steifgeschlagener Sahne. Kalt aus dem Kühlschrank soll man ihn nicht essen, sondern vor dem Servieren auf Zimmertemperatur aufwärmen, damit die Schokolade ihr Aroma entfalten kann. Besonders Eilige geben die Kuchenstücke für 10–15 Sekunden in die Mikrowelle …

Torta di pane alla ticinese
Tessiner Brotkuchen

FÜR 1 RUNDE KUCHENFORM (26 cm Ø)

250 g altbackenes Weißbrot
3 EL Sultaninen
100 ml Rum oder Cointreau
500 ml Milch
4 EL Kakaopulver
1 Vanilleschote
2 Eier, getrennt
160 g Zucker
50 g Mandelsplitter
abgeriebene Schale von 1 Zitrone
abgeriebene Schale von 1 Orange
Puderzucker zum Bestäuben

- Backofen auf 180 °C vorheizen.
- Das Weißbrot zerkrümeln und in eine Schüssel geben. Die Sultaninen im Rum oder Cointreau quellen lassen.
- Milch mit dem Kakaopulver und einer der Länge nach eingeritzten Vanilleschote erhitzen, aber nicht kochen und über das Brot gießen, die Vanilleschote entfernen.

- Mit einer Gabel die Brotmasse möglichst fein zerdrücken.
- Die Eigelb mit dem Zucker schaumig schlagen und unter die Brotmasse rühren. Mandelsplitter, Sultaninen sowie die abgeriebenen Zitrusschalen dazugeben und alles gut vermengen.
- Zuletzt das Eiweiß steifschlagen und vorsichtig unter die Kuchenmasse heben.
- Diese in die ausgebutterte und bemehlte Backform geben und 60 Min. backen, bis sich auf der Oberfläche eine feine Kruste bildet.
- Mit Puderzucker bestäuben und lauwarm servieren.

Dieses sehr nahrhafte Dessert hält sich gut eine Woche im Kühlschrank und ist auch kalt zum Frühstück eine Delikatesse. Dazu passt eine Tasse heiße Schokolade, und Schleckmäuler verzichten nicht auf einen gut gehäuften Löffel frischer Sahne.

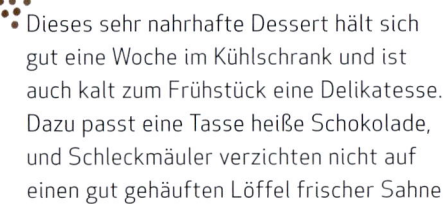

Salame di noci
Schokoladensalami mit Nüssen

ERGIBT ETWA 20 SCHEIBEN
120 g Löffelbiskuit
80 g Nüsse (Walnüsse, Haselnüsse, Mandeln)
120 g Zucker
1 Ei + 1 Eigelb
120 g zimmerwarme Butter
1 Beutel Vanillezucker (8 g)
1 EL Amarettolikör
75 g Kakaopulver

- Die Löffelbiskuit mit dem Boden eines schweren Trinkglases in einer Schüssel zerbröseln, die Nüsse in kleinere bis mittlere Stücke hacken und hinzufügen.
- In einer anderen Schüssel Zucker, Ei, Eigelb und die Butter mit dem Vanillezucker und Amarettolikör zu einer homogenen Masse verrühren.
- Löffelbiskuit, Nüsse und Kakaopulver dazu geben und zu einer kompakten Masse vermengen.
- Ein Stück Backpapier (30 x 40 cm) kurz unter kaltes Wasser halten, zu einer Kugel zerknüllen, wieder entknüllen und glätten. Dadurch wird das Backpapier ganz weich und gut formbar.
- Die Masse aufs Backpapier legen und zu einer dicken Wurst rollen. Beide Enden mit Bindfaden fest zubinden und mind. 24 Stunden im Kühlschrank lagern.
- Kühl in Scheiben geschnitten und mit Puderzucker bestäubt servieren.

Mousse di cioccolata bianca col Limoncello
Weisses Schokoladen-mousse mit Limoncello

FÜR 4 PORTIONEN
300 g weiße Schokolade bester Qualität
2 EL Wasser
100 ml Sahne
4 Eiweiß
50 ml Limoncello (Zitronenlikör)

- Die Schokolade in Stücke brechen und mit dem Wasser im Wasserbad schmelzen.
- In der Zwischenzeit die Sahne und die Eiweiß separat steifschlagen.
- Wenn die Schokolade geschmolzen ist, aus dem Wasserbad nehmen und zimmerwarm auskühlen lassen.
- Zunächst den Limoncello einrühren, dann die Sahne und zum Schluss den Eischnee vorsichtig von unten nach oben unter die Masse heben, mind. 5 Stunden im Kühlschrank ruhen lassen.

Die Schokoladenmousse kann man natürlich auch direkt in die für das Servieren vorgesehenen Gefäße geben. Hübsch sieht die Nachspeise aus, wenn sie mit Splittern von dunkler Schokolade oder mit frischen Walderdbeeren oder Himbeeren dekoriert wird.

Dazu passen eine schöne Riesling Spätlese oder – wenn es festlich werden soll – ein Eiswein.

71

TIZ B 10 Ö S C T 12 E R D R E 14 ö.L.v. Greenw. I C E H 16 F UNGARN

BIANCO

crema

fondente

cacao

MARE

DELLA

CIOCCOLATA

CHOCOLAT

Dolfin

CAFÉ LAIT

NEAPEL
Golf
von
Neapel

gianduia

SIZILIEN

Maßstab 1:5 000 000

Erläuterungen:
siehe Karten-Seite 74
T.d.G.-Torre del Greco
T.A.-Torre Annunziata
C.-Castellammare

MEER

63

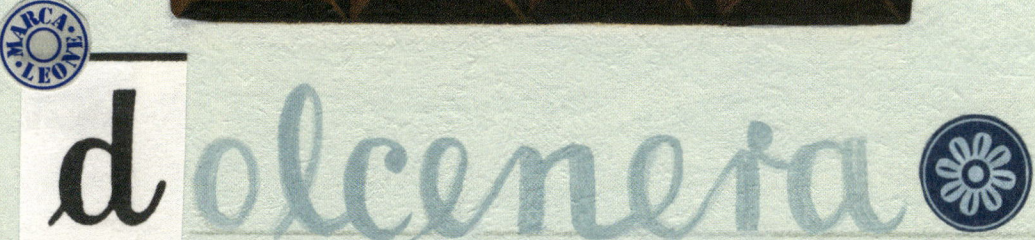

dolceneia

la
CASTAGNA

Castagne
Kastanien

Die Kastanie ist ein Produkt des Nordens. In Rezeptbüchern des Süden Italiens spielt sie keine Rolle, denn im ländlich geprägten Alpenbogen, von Ligurien bis ins Trient, in den Triestiner Karst, ist die Kastanie das Armeleute-Nahrungsmittel erster Güte. Man kann die Kastanie nämlich, einmal von ihrer Schale befreit, trocknen oder zu Mehl mahlen und daraus preiswerte sättigende Mahlzeiten bereiten. Wer als Kleinbauer einen Kastanienwald sein Eigen nennen konnte, hatte in aller Regel im Winter keinen Hunger zu leiden, denn die Frucht lieferte eine willkommene Abwechslung zur Polenta – dem zweiten Grundnahrungsmittel der ländlichen voralpinen Bevölkerung Norditaliens. Und der Kastanienwald galt insbesondere als Nachweis eines gewissen Wohlstands.

In der Dessertküche wird die Kastanie vorwiegend in püriertem Zustand weiterverarbeitet. Dabei geht sie mit fast jeder denkbaren Frucht, insbesondere auch mit Schokolade, gelungene Verbindungen ein. Und sie mag auch Liköre und Schnäpse, wie etwa Amaretto, Kirsch oder Rum. Solches lässt sich von anderen Früchten des Südens nicht so einfach behaupten.

Doch Nachspeisen sind nur die »Hälfte der Miete«, denn die Kastanie lässt sich auf Grund ihres eher »neutralen« Geschmacks und der dafür aber eindeutigen Textur sowohl für die süße als auch die salzige Küche verwenden. In Kombination mit manchen Gemüsesorten etwa Rosenkohl oder Lauch – also vorwiegend spätherbstlicher Gemüsesorten – verstärkt sie auf der Basis einer sonderbaren, aber liebenswerten Genügsamkeit viele Beilagen zu Wild.

Heute erlebt die Kastanie dank der Nova-Regio-Bewegung in der gehobenen Gastronomie eine Renaissance – was nichts anderes bedeutet, als dass die Qualitäten dieser Frucht, die schon mehrere Generationen kannten, neu entdeckt und vor allem neu in die Küche integriert werden.

Mousse di castagne
Kastanienmousse

FÜR 6 PORTIONEN
500 g frische Kastanien oder
300 g Kastanienpüree
100 g Zucker
40 ml brauner Rum
300 ml Sahne
abgeriebene Schale von 1 Orange
Kakaopulver zum Bestäuben

- Backofen auf 180 °C vorheizen.
- Die Kastanienschale mit einem spitzen Messer auf der bauchigen Seiten einritzen und auf ein Backblech geben. Etwa 15 Min. im Ofen rösten, gelegentlich mit einem Holzlöffel umrühren.
- Danach herausnehmen und handwarm auskühlen lassen. Die Kastanien von Hand schälen und alle Häutchen entfernen, dann etwa 40 Min. kochen, bis sie gar sind. Etwas auskühlen lassen und pürieren.
- Das Püree mit dem Zucker und Rum zu einer homogenen Masse verrühren.
- Die Sahne mit ein wenig Zucker sehr steif-schlagen, die abgeriebene Orangenschale dazu geben, und die Sahne vorsichtig unter das Kastanienpüree mischen.
- Mind. 6 Stunden im Kühlschrank lassen.
- Vor dem Servieren mit Kakaopulver bestreuen.

Zum Kastanienmousse passt am besten ein alkoholreicher Südwein, zum Beispiel Portwein.

Budino di castagne alla ligure
Ligurischer Kastanienpudding

FÜR EINE KASTENFORM (25–27 cm)
400 g frische Kastanien oder
250 g Kastanienpüree
100 g Zucker
3 Eier
1 l Milch
70 g Butter
abgeriebene Schale von 1 Zitrone
2–3 EL Paniermehl

- Backofen auf 180 °C vorheizen.
- Die Zubereitung des Kastanienpürees können Sie den beiden nebenstehenden Rezepten entnehmen.
- Zucker, Eier, Milch, Butter sowie die abgeriebene Zitronenschale zur Kastanienmasse geben und alles gut vermengen. Die Masse darf nicht zu flüssig werden, sondern soll eine cremige Konsistenz aufweisen. Sie kann bei Bedarf mit Paniermehl ein wenig gebunden werden.
- Die Kastenform ausbuttern und mit Paniermehl bestreuen.
- Die Kastanienmasse gleichmäßig in der Form verteilen und etwa 30 Min. backen, bis sie eine feste Konsistenz aufweist (am besten mit einem Zahnstocher oder einer Stricknadel prüfen, ob der Pudding bereits trocken genug ist).

Torta di castagne
Kastanienkuchen

FÜR 1 RUNDE KUCHENFORM (26 cm Ø)
400 g frische Kastanien oder
250 g Kastanienpüree
3 Eier, getrennt
100 g kalte Butter
100 g gehackte Mandeln oder
Mandelsplitter
160 g Zucker
abgeriebene Schale von ½ Zitrone

- Backofen auf 180 °C vorheizen.
- Die Kastanienschale mit einem spitzen Messer auf der bauchigen Seiten einritzen und auf ein Backblech geben. Etwa 15 Min. im Ofen rösten, gelegentlich mit einem Holzlöffel umrühren.

- Danach herausnehmen und handwarm auskühlen lassen. Die Kastanien von Hand schälen und alle Häutchen entfernen, dann etwa 40 Min. kochen, bis sie gar sind. Etwas auskühlen lassen und pürieren.
- Die Eigelb mit der in Stückchen geschnittenen Butter, den Mandeln und dem Zucker zum Püree geben und gut vermengen.
- Das Eiweiß sehr steifschlagen und mit der abgeriebenen Zitronenschale vorsichtig unter die Masse heben.
- In die ausgebutterte und bemehlte Backform geben und 30–35 Min. backen, bis der Kuchen eine schöne dunkelbraune Farbe angenommen hat.

Amarettikekse, meist in zerbröselter Form, sind eine willkommene »Beigabe« fast aller Kastaniendesserts. Auch hier könnten 50 g Amaretti den Kuchen veredeln und ihn noch ein Stück süßer machen. Ebenso gut passen auch 3–4 EL Amarettolikör zur Kastanienmasse. Und noch besser schmeckt der Kuchen natürlich, wenn er mit steifgeschlagener frischer Sahne serviert wird.

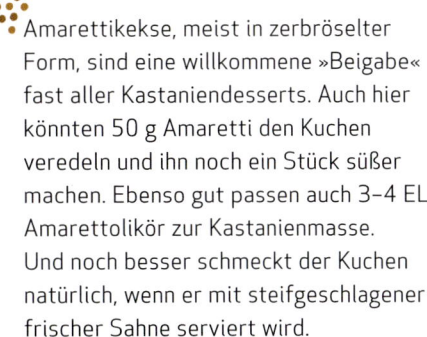

Semifreddo di castagne
Halbgefrorenes mit Kastanien

FÜR 8 PORTIONEN

500 g frische Kastanien oder 300 g
Kastanienpüree
1 TL Salz
1 Lorbeerblatt
800–1000 ml Milch
4 EL Sahne
4 Eiweiß
100 g Zucker
150 g Schokolade (72% Kakaoanteil)
1 Apfel oder Birne, in dünnen Scheiben

- Backofen auf 180 °C vorheizen.
- Die Kastanienschale mit einem spitzen
  Messer auf der bauchigen Seiten einritzen und auf ein Backblech geben. Etwa
  15 Min. im Ofen rösten, gelegentlich mit
  einem Holzlöffel umrühren.

- Danach herausnehmen und handwarm
  auskühlen lassen. Die Kastanien von Hand
  schälen und alle Häutchen entfernen.
- Die Kastanien nun gut bedeckt von Wasser
  mit dem Salz und dem Lorbeerblatt gar-
  kochen.
- Die Kastanien abgießen und mit soviel
  Milch aufgießen, dass sie knapp bedeckt
  sind, Zucker hinzufügen und etwa 15–20
  Min. weiterkochen.
- Die Kastanien pürieren und mit der Sahne
  verrühren.
- Die Eiweiß steifschlagen, vorsichtig unter
  die Masse heben und in eine Kastenform
  (25–27 cm Länge) gießen. Etwa 5–6
  Stunden im Kühlschrank kühlstellen.
- Vor dem Servieren die Schokolade im
  Wasserbad schmelzen und beim Anrichten
  über das Kastanien-Semifreddo gießen
  und mit Apfel- oder Birnenscheiben
  dekorieren.

Pavè di marroni
Kastanienquadrat

FÜR EINE RECHTECKIGE AUFLAUFFORM (ETWA 18 x 18 cm)
400 g Kastanien oder 250 g Kastanienpüree
150 g Schokolade (72% Kakaoanteil)
2 Eigelb
50 g Zucker
125 g weiche Butter
200 g Löffelbiskuit
50 ml Kirschwasser
100 ml brauner Rum
50 g Zucker

FÜR DIE DEKORATION
150 g Schokolade (72% Kakaoanteil)
2 EL flüssige Sahne
2 EL steif geschlagene Sahne

- Backofen auf 180 °C vorheizen.
- Die Kastanienschale mit einem spitzen Messer auf der bauchigen Seiten einritzen und auf ein Backblech geben. Etwa 15 Min. im Ofen rösten, gelegentlich mit einem Holzlöffel umrühren.
- Danach herausnehmen und handwarm auskühlen lassen. Die Kastanien von Hand schälen und alle Häutchen entfernen, dann etwa 40 Min. kochen, bis sie gar sind. Etwas auskühlen lassen und pürieren.
- In der Zwischenzeit Schokolade mit ein wenig Wasser schmelzen.

- Die Eigelb mit dem Zucker schaumig rühren. Die Butter und die geschmolzene Schokolade dazugeben und gut vermengen. Zum Schluss das Kastanienpüree mit dem Kirschwasser unter die Masse geben und nochmals gut verrühren.
- Inzwischen Zucker und Rum auf kleiner Flamme in einem Topf zu Sirup einkochen, bei Bedarf noch ein wenig Wasser zugeben.
- Die Auflaufform am Boden und an den Seiten mit den zuvor im Sirup getränkten Löffelbiskuit auskleiden, eine Lage Kastaniencreme darüber verteilen, danach eine neue Schicht Löffelbiskuit auf die Creme legen und wieder mit der Creme auffüllen, bis diese und die Löffelbiskuit aufgebraucht sind.
- Das Rechteck mit einem in Klarsichtfolie eingewickelten Taschenbuch oder ähnlich »leichten« Gegenstand beschweren und für 4 Stunden in den Kühlschrank stellen.
- Vor dem Servieren, die restliche Schokolade mit flüssiger Sahne schmelzen und danach die steifgeschlagene Sahne untermischen und als Sauce zum Kastanien-Quadrat servieren.

MANDORLE

nci

PISTACCHI

PINOLI

NOCCIOLE

Noci
Nüsse

Einige wenige Arten von Nüssen haben Italien unter den Konditoren weltweit berühmt gemacht: Bei den Haselnüssen sind es die Tonda gentile tribolata, ehemals bekannt als Nocciolata tonda gentile delle langhe, die Tonda di giffoni (aus dem Süden), die Tonda gentile romana, die Mortarella und die Tonda tardiva. All diese Haselnüsse zeichnen sich durch einen nach dem Rösten entstehenden unvergleichlich intensiven Geschmack aus, der tatsächlich unerreicht ist. Kultiviert wird die Tonda gentile tribolata in den Provinzen Cuneo, Asti und Alessandria. Diese Haselnüsse sind als kontrollierte Ursprungsbezeichnung geschützt (Indicazione Geografica Protetta, I.G.P.), eine Nobilitierung, die nicht eben viele Produkte aus Italiens Früchtekellern besitzen.

Die Mandel wiederum zeichnet die gleichen Eigenschaften aus wie die Haselnuss (sie enthält ebenfalls einen hohen Fettanteil von über 50% aus und 15% Proteine), wird aber in eine bittere und eine süße Kategorie unterteilt. In der Dessertküche findet hauptsächlich die süße Mandel Verwendung – aber auch die Bittermandel kommt natürlich im Klassiker der italienischen Küche vor; in Amarettikeksen ist ein geringer Anteil Bittermandel enthalten (auf den man aber auch verzichten kann), wenn man das Rezept nach den strengen Regeln der Kunst ausführen will: drei einzelne Bittermandeln auf 300 Gramm süße, hält etwa die Grande Enciclopedia della Gastronomia fest. Die berühmtesten Amaretti stammen aus Saronno in der Provinz Varese.

Zwei weitere Arten von Nüssen bedürfen noch kurz der Erwähnung: zum einen die Pistazie. Sie ist eine typische sizilianische Nuss – dort gedeiht sie am besten. Die Pistazien aus Bronte in den Gemeinden Bronte, Adriano und Biancavilla rund um Catania haben das Gütesiegel Denominazione di Origine Protetta (DOP), geschützte Ursprungsbezeichnung, erhalten. Am besten verzehrt man Pistazien ganz frisch und ungeröstet, damit sie ihr Aroma entfalten; verboten ist es aber nicht, im Sommer ein leckeres Pistazieneis zu verzehren.

Zum anderen Pinienkerne, sie sind eine typische »Beilage« der neapoletanischen Küche und landen in Saucen oder Füllungen; leicht geröstet dekorieren sie aber schöne Nachspeisen wie etwa eine Cassata. Dank ihres milden Geschmacks lassen sie sich aber – ebenfalls geröstet – vielfältig als Dekorationselement für Kuchen und Torten verwenden. Achten Sie beim Einkauf darauf, dass Ihnen keine chinesischen Pinienkerne unterkommen und kaufen Sie, wenn's das Budget zulässt, die Nüsse im Reformhaus ein.

Cantucci
Toskanische Mandelkekse

ERGIBT ETWA 50 CANTUCCI

250 g Mandeln, enthäutet,
grob gehackt
100 g weiche Butter
500 g Mehl
4 g Trockenhefe
4 Eier
280 g Zucker
1 Prise Salz
1 Eigelb

- Backofen auf 190 °C vorheizen.
- Die Mandeln auf ein mit Backpapier ausgelegtes Backblech geben und 3–4 Min. rösten. Herausnehmen und auskühlen lassen.
- Die 4 Eier kräftig mit dem Zucker zu einer schaumigen Masse verrühren. Butter, Mehl, Mandeln, Trockenhefe und Salz dazugeben und zu einem glatten Teig kneten.
- Den Teig in zwei oder drei Portionen teilen – je nachdem, wie gross die Cantucci werden sollen –, mit den Händen zu länglichen Teigrollen formen und auf ein mit Backpapier ausgelegtes Backblech geben.
- Die Oberfläche mit dem Eigelb bepinseln, die Teigrollen 20 Min. backen lassen. Das Backblech dann sofort aus dem Ofen nehmen.
- Die Teigrollen etwas auskühlen lassen und in 1,5 cm dicke Kekse schneiden. Die Kekse mit der Schnittfläche zurück aufs Backblech geben und nochmals 10 Min. ausbacken lassen.

Traditionellerweise werden die Cantucci mit Vin Santo, dem toskanischen Dessertwein, nach dem Essen serviert. Wobei es nicht verboten ist, die Cantucci ins Weinglas zu tunken, bevor man sich daran die Zähne ausbeisst …

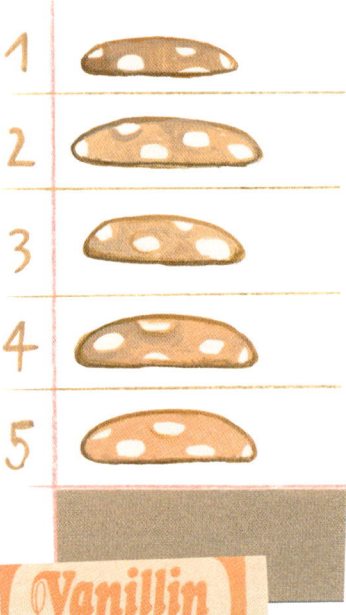

 **LA**

 **TORTA**

farina

zucchero

uova

L'ALBICOCCA

Albicocche
Aprikosen

Wie so einige der heute in rauen Mengen konsumierten Früchte, stammt auch die Aprikose ursprünglich aus China. Aus dem Reich der Mitte fand sie ihren Weg über die Seidenstrasse nach Südeuropa, wo sie rasch heimisch wurde – allerdings erst nach dem Mittelalter, denn man hielt die Frucht zunächst für giftig. Der Aprikosenbaum benötigt ein warmes trockenes Klima. Freilich, auch nördlich des Alpenbogens, besonders im Wallis, werden diese Früchte tonnenweise geerntet und vor allem in Konservenfabriken zu Konfitüre verarbeitet – schade, eigentlich, denn die Aprikose ist ein Multitalent. Sie lässt sich prima trocknen (und wird dadurch noch süßer), sie »badet« gerne im Rum oder Grappa und Cognac und macht vor allem als Glasur auf Kuchen und in Torten »bella figura«: So ist eine Aprikosenglasur z.B. unerlässlich für die weltberühmte Sacher-Torte. Aber auch in der »salzigen« Küche findet die Aprikose Verwendung. So koche ich sie etwa zusammen mit Pistazien in Marsala und reiche diese Sauce zu Kalbfleisch-Schnitzeln.

In Italien werden vor allem Früchte aus der Region Kampanien und Emilia-Romagna auf den Märkten angeboten. Dort taucht die Aprikose Anfang Juni auf und ist den ganzen Sommer durch erhältlich. Danach gibt es die Früchte nur noch gefroren, aber diese sind für die Zubereitung von Nachspeisen gänzlich ungeeignet, denn sie nehmen rasch eine bräunliche, unappetitlich aussehende Farbe an, als Pürees oder Glasur indessen können sie ruhig aus der Tiefkühltruhe verwendet werden.

Fagottini di albicocche
Aprikosen im Blätterteig mit Mandeln

FÜR 4 PORTIONEN
8 reife Aprikosen
8 Blätterteigquadrate (etwa 15x15 cm)
8 ganze gehäutete Mandeln
1 Ei, getrennt

- Backofen auf 160 °C vorheizen.
  Die Aprikosen waschen, hälften und
  entkernen.
- Jeweils eine Aprikosenhälfte mit einer
  Mandel füllen, die Hälften wieder zusam-
  menfügen und auf die Blätterteigquardate
  legen.
- Die Teigränder mit Eiweiß bestreichen und
  die Quadrate diagonal verschließen.
- Auf ein mit Backpapier ausgelegtes
  Backblech geben und mit dem Eigelb
  bestreichen.
- Etwa 15–20 Min. backen, bis der Teig eine
  gelbbraune Färbung angenommen hat.

Piramide di albicocche
Aprikosenpyramide

FÜR 6 PORTIONEN
1 kg Aprikosen
250 ml trockener Weißwein
3 EL Wasser
300 g Zucker
250 ml Sahne
100 g kandierte Früchte
300 g Erdbeeren, gewaschen und gehälftet

- Die Aprikosen waschen, hälften und
  entkernen.
- In einem Topf Weißwein, Wasser und
  Zucker zu Sirup einkochen.
- Die Aprikosen einige Minuten in dem
  Sirup tränken, auf einem Servierteller
  zu einer Pyramide aufschichten und
  mit der steifgeschlagenen Sahne, den
  kandierten Früchten und den frischen
  Erdbeerenhälften dekorieren.

Wer auf kandierte Früchte verzichten will,
belegt die Pyramide mit anderen som-
merlichen Früchten wie etwa Himbeeren,
Brombeeren und so weiter.

Ein trockener Riesling-Sekt ist ein idealer
Begleiter, um die Süße der im Sirup getränkten Aprikosen ein wenig zu brechen.

Cocktail di albicocche
Aprikosencocktail

ERGIBT 4 COCKTAILS
6 mittelgroße reife Aprikosen
1 Glas Bio-Jogurt Nature (250 g)
4 El Zucker
4 EL zerstoßene Eiswürfel
4 Pfefferminzblätter

- Die Aprikosen waschen, entkernen und in kleine Stücke schneiden.
- Mit allen Zutaten (außer der Minze) in einem Mixgerät fein pürieren.
- In Cocktailgläsern servieren und jeweils mit einem Minzblatt dekorieren.

Wer diesen Cocktail noch ein wenig aromatisieren will, kann einen Schuss Aprikosenlikör oder 2 EL Aprikosenkonfitüre beigeben.

Crostata di albicocche con mandorle
Aprikosenkuchen mit Mandeln

FÜR 1 RUNDE KUCHENFORM (26 cm Ø)
1 Portion Grundrezept Mürbeteig (S. 18)
500 g reife Aprikosen
150 ml Sahne
30 g Rohrzucker
1 Eigelb
½ TL Mandelessenz

FÜR DIE DEKORATION
30 g Mandelsplitter
6 EL Aprikosenkonfitüre
1 EL Zitronensaft

- Backofen auf 180 °C vorheizen. Die Aprikosen waschen, vierteln und entkernen.
- Sahne, Zucker, Eigelb und Mandelessenz mit dem Schneebesen zu einer homogenen Masse verrühren.
- Mürbeteig auswallen und in eine mit Backpapier ausgelegte Backform geben, an den Rändern hochziehen. Die Aprikosenviertel darauf verteilen, und die Sahnemasse gleichmäßig über die Aprikosen gießen.
- Etwa 30 Min. backen. Mit einem Holzstäbchen die Garprobe machen (es darf kein Teig daran hängen bleiben).

- Inzwischen die Mandelsplitter in einer beschichteten Pfanne ohne Fett rösten, bis sie duften und etwas Farbe angenommen haben.
- Die Aprikosenkonfitüre mit dem Zitronensaft zu einer leicht flüssigen Sauce verrühren.
- Den Kuchen aus dem Ofen nehmen und noch warm mit der Aprikosensauce bestreichen. Zum Schluss die Mandelsplitter über dem Kuchen verteilen.

Es schmeckt auch gut, den Mürbeteigboden mit den Bröseln von 6 Amarettikeksen zu beschichten, bevor die Aprikosenviertel darauf verteilt werden.

Als Begleitgetränk eignet sich – im Sommer – ein toskanischer Rosé.

Sogno estivo di albicocche
Sommerlicher Aprikosentraum

FÜR 6 PORTIONEN
350 g reife Aprikosen
250 ml Moscato d'Asti
150 g Zucker
300 ml Sahne
4 Eiweiß
8 Amarettikekse (S. 85)
Puderzucker zum Bestäuben

- Die Aprikosen waschen, entkernen und in kleine Stücke schneiden. In einer Schüssel mit dem Süßwein und der Hälfte des Zuckers eine Stunde marinieren.
- Den restlichen Zucker mit der Sahne sehr steifschlagen.
- Die Aprikosen in ein Sieb geben und den überschüssigen Süßwein abtropfen lassen, danach im Standmixer oder mit dem Zauberstab mit der Hälfte der Amaretti zu einer Creme pürieren.

- Die Eiweiß sehr steifschlagen.
- Zuerst die Aprikosencreme vorsichtig mit der Sahne vermengen und danach das Eiweiß ebenso vorsichtig unter die Sahne-Aprikosen-Masse heben.
- Die Creme in Gläser füllen und etwa 30 Min. vor dem Servieren in den Tiefkühler stellen. Das Dessert mit den restlichen Amaretti dekorieren und mit Puderzucker bestäuben.

Die Amaretti vor dem Dekorieren mit einem Teelöffel Amarettolikör tränken und auf den Nachtisch geben.

Dazu passt ein kräftiger Südwein, es darf auch mal ein weißer Muskateller aus dem portugiesischen Douro-Tal sein.

sapore della tradizione

la PERA

Pere
Birnen

Die *Pirus communis* zählt zu den ältesten bekannten Früchten überhaupt; schon die Römer unterschieden 40 Sorten davon. Was uns die Urahnen der Italiener allerdings nicht hinterließen, war eine Beschreibung des richtigen Zeitpunkts für den Verzehr. Meist werden die Früchte in nicht ganz reifem Zustand geerntet und müssen dann bei Zimmertemperatur dem richtigen Zeitpunkt entgegenreifen. Wie man den erkennt: am Geruch zunächst und am leichten Druck auf das Fruchtfleisch. Zu den bekanntesten handelsüblichen Sorten gehören die Guyot-, die Williams- und die Kaiser-Birne. Die Williams-Birne zählt zu den beliebtesten Sorten, weil sie sich auf vielfältige Weise nutzen lässt: Sowohl zu Fruchtsaft gepresst als auch gebrannt, wird sie gerne verzehrt. Im Wallis gelangt übrigens die ganze Williams-Birne in die Flasche, und das geht so: Kurz nach der Befruchtung der Blüte, wenn die ersten Knospen sichtbar werden, hängt der Obstbauer eine Flasche um die Fruchtknospe und lässt sie im Glas wachsen; vorsichtig wird die Birnenflasche geerntet und – mit Schnaps aufgefüllt – in den Verkauf gebracht.

Auch wenn Italien mittlerweile zu den größten Produzenten dieser Frucht zählt, so wird sie in den Desserts selbst nicht so variantenreich eingesetzt wie etwa der Apfel. Obschon eines der Hauptanbaugebiete das Südtirol ist. Der Grund dafür liegt in der Birne selbst. Einmal aufgeschnitten, verändert sie ihr Aussehen und läuft rasch bräunlich an, wenn man die Schnittflächen nicht mit Zitronensaft einreibt. Deshalb isst sie der Italiener vorzugsweise als frisches Obst, begleitet von einem sehr reifen Gorgonzola. In der Patisserie kommt sie hauptsächlich als Bestandteil von Kuchen und Torten zur Anwendung. Sehr gut lässt sich die Birne mit Schokolade kombinieren, aber auch im Rotwein gekocht kommt sie öfter mal auf die Menükarte einer Osteria.

Crostata di pere agli Amaretti
Birnenkuchen mit Amaretti

FÜR 6 PERSONEN

1 Portion Grundrezept Mürbeteig (S. 18)
4 reife Birnen
1 unbehandelte Zitrone
70 g Zucker
200 ml trockener Rotwein
1 Zimtstange
100 ml Wasser
50 g Amarettikekse (S. 85)

- Backofen auf 180 °C vorheizen.
- Die Birnen waschen, schälen, Stiel belassen und mit dem Stil nach oben in einen Topf stellen.
- Zitrone schälen, Schale beiseitelegen
- Die Birnen mit Zucker bestreuen und den Rotwein, das Wasser, die Zimtstange sowie die Zitronenschale dazugeben und etwa 15–30 Min. – je nach Reifegrad der Birnen – auf kleiner Flamme köcheln, bis sie gabelzart sind. Gelegentlich mit dem Saft benetzen.
- Die Birnen mit einer Schaumkelle auf einen Teller heben, den Saft durchseihen und auf die Hälfte einkochen.
- In der Zwischenzeit eine Tarteform (24 cm Durchmesser) ausbuttern und bemehlen.
- Den Mürbeteig auswallen, die Form damit auslegen, an den Rändern hochziehen und mehrmals mit einer Gabel einstechen.
- Den Teig mit Backpapier belegen, mit getrockneten Hülsenfrüchten oder Reis bedecken und etwa 30 Min. blind backen.

- Danach den Kuchenboden restlos auskühlen lassen.
- Drei der vier Birnen in feine Spalten schneiden. Die ganze Birne in die Mitte des Kuchens stellen und die Birnenspalten in konzentrischen Kreisen darum herum drappieren.
- Die Amaretti im Mörser leicht zerstoßen und über die Birnen verteilen.
- Zum Schluss den eingekochten Saft gleichmäßig über dem Kuchen verteilen. Den Kuchen sofort servieren.

Als Getränk empfiehlt sich ein Riesling Spätlese oder ein Franciacorta Brut

buono

Macedonia di pere all'arancia
Birnensalat mit Orangen

FÜR 4 PORTIONEN
2 Orangen
2 Birnen
½ Zitrone
50 g Zucker
100 ml Maraschinolikör

- Die Orangen schälen, in Schnitze zerlegen und mit einer Pinzette von den restlichen Häutchen säubern.
- Die Birnen waschen, schälen, halbieren, Kerngehäuse entfernen und sofort mit dem Saft der Zitrone bepinseln, damit sie nicht oxydieren.
- Nun die Birnen in nicht allzu dünne Spalten schneiden und mit den Orangenschnitzen in einer Schüssel mit dem Zucker, dem restlichen Saft der Zitrone sowie dem Maraschinolikör sorgfältig mischen und mind. 30 Min. kühlstellen.
- Erst direkt vor dem Servieren aus dem Kühlschrank nehmen und auf Tellern anrichten.

Mousse di pere e prugne
Birnen-Pflaumen-Mousse

FÜR 8 PORTIONEN
8 Birnen
1 Zitrone
4 EL Zucker
500 g getrocknete Pflaumen
100 ml Moscato
60 g Orangenmarmelade
1 Zitrone

- Die Birnen waschen, schälen, halbieren, Kerngehäuse entfernen und in mittelgroße Stücke schneiden.
- Die Zitrone dünn schälen, Schale beiseitelegen.
- Die Birnenstücke mit 2 EL Zucker und ein wenig Wasser gabelzart kochen und auskühlen lassen.
- Die getrockneten Pflaumen entkernen und mit dem Moscato sowie dem restlichen Zucker und der Zitronenschale etwa 5 Min. köcheln.
- Die Zitronenschale entfernen und die Pflaumen klein schneiden. Die Pflaumen und den so erhaltenen Sirup vollständig auskühlen lasen.
- Die Birnenstücke mit der Orangenmarmelade zu einer feinen Creme verrühren, danach die Pflaumen und den Sirup unter die Birnencreme heben und vor dem Servieren für mind. 30 Min. in den Kühlschrank stellen.

Frappé di pera al Maraschino
Birnenfrappé mit Maraschino

FÜR 4 PORTIONEN
1 reife Birne
1 reifer gelber Pfirsich
Saft einer ½ Orange
Saft einer ½ Zitrone
2 EL Zucker
1 EL Maraschinolikör
2 Eiswürfel
4 Zweige Pfefferminze

- Birne und Pfirsich gut waschen, schälen, Kerngehäuse bzw. Kern entfernen, in kleine Stücke schneiden und in einen Mixer geben.
- Orangen- und Zitronensaft mit Zucker, Maraschino sowie den Eiswürfeln pürieren.
- Sofort in vorgekühlte Gläser geben und mit je einem Minzezweig dekorieren.

Diese eisgekühlte sommerliche Nachspeise kann ebenso gut mit Birnenschnaps (Williams) zubereitet werden, falls kein Maraschino vorrätig ist. Wichtig ist, dass das Frappè rasch serviert wird, damit es seine schaumige Textur behält.

Pere ai ferri con zabaione al Moscato
Gegrillte Birnenscheiben mit Moscato-Zabaione

FÜR 4 PORTIONEN
4 nicht allzu reife Birnen
1 Zitrone
4 Eigelb
4 EL Zucker
50 ml Moscato d'Asti

- Die Birnen waschen, halbieren und das Kerngehäuse entfernen. Die Hälften nochmals der Länge nach in 2 Scheiben schneiden, mit dem Saft der Zitrone bepinseln, mit Klarsichtfolie fest abdecken und kühlstellen.
- Die Eigelb mit dem Zucker im etwa 80 °C warmen Wasserbad schaumig rühren (ja, man darf dazu ein elektrisches Rührgerät verwenden). Zum Schluss unter nach wie vor ständigem Rühren den Moscato dazu geben. Das Moscato-Zabaione sollte die Konsistenz einer luftigen Creme haben.
- Eine geriffelte Grillpfanne mit Butter bepinseln, nicht zu heiß werden lassen, damit die Butter nicht verbrennt. Die Birnenscheiben rasch auf beiden Seiten je 1 Min. braten. In Gläsern anrichten und mit dem Zabaione servieren.

Eine ideale Nachspeise, um den Grillabend ausklingen zu lassen, denn die Zabaione lässt sich gut im Kühlschrank aufbewahren.

Più Succo alla Vita

Bellafruit

PASAM - Siracusa

DOLCI PENSIERI DI CALABRIA®

1 **2** **3** *Limone*

Limone

AGRUMI PREGIATI

Agrumi
Zitrusfrüchte

Agrumi – so heißt der italienische Sammelbegriff für alle Zitrusfrüchte, angefangen mit der dünnschaligen Mandarine bis hin zur voluminösschaligen Zitronatzitrone oder Cedrat, die auf den Markt gelangen und in der Küche sogenannte Alleskönner sind. Sowohl in der salzigen Küche wie natürlich auch in der süßen Küche kommen diese Früchte zur Verwendung, und zwar in allen Variationen von frisch bis getrocknet.

Natürlich sind diese Alleskönner auch richtige Vitaminbomben – wenn man sie roh verzehrt, gelangt der Körper in den Genuss einer hohen Dosis Vitamin C, aber auch Mineralstoffe werden abgegeben und dienen der Erkältungsprophylaxe. Schon die alten Chinesen wussten vor unserer Zeitrechnung, dass Zitrusfrüchte eine Wohltat sind. Von dort kamen sie zur Zeit der Römer in den Mittelmeerraum und finden sich bereits auf Mosaiken verewigt.

Zurück in die Küche: Orange und Zitrone begleiten Fisch- wie Fleischgerichte und geben ihnen ein unverwechselbares Aroma. Und weil Zitrusfrüchte mittlerweile ganzjährig zu haben sind, können Nachspeisen damit jederzeit zubereitet werden. Die Zitrone balanciert mit ihrer Säure und den in der Schale enthaltenen ätherischen Ölen zuckerhaltige Desserts aus und verleiht ihnen Pfiffigkeit, beispielsweise in einer Mascarponecreme. Orangen werden vorzugsweise roh gegessen und bereichern Fruchtsalate mit ihrer leichten Säure und andererseits werden sie in Balance mit sehr zuckerhaltigen Früchten wie etwa Datteln zu einer ausgewogenen Nachspeise, die leicht zuzubereiten ist.

Und schließlich kennt Italien eine vielfältige Verwendung von Zitrusfrüchten in getrocknetem Zustand als Zitronat, Orangeat oder Cedrat. Dabei werden die fein von Bitterstoffen gesäuberten Schalen in einem aufwändigen Verfahren über mehrere Tage zuerst in Salzwasser und dann in Zuckersirup eingekocht. Freilich, kandierte Früchte lehnen ganz viele Menschen ab, obschon sie in einer Cassatta siciliana unerlässlich sind – verstehe das, wer kann …

Torta di Ricotta alla siciliana
Sizilianische Schichttorte

FÜR 6–8 PORTIONEN
½ Portion Grundrezept Biskuitteig (S. 18)
170 g Zucker
600 g Ricotta
150 g Kochschokolade, gerieben
150 g kandierte Früchte, nach Belieben
50 g Pinienkerne

FÜR DEN GUSS
200 g Puderzucker
Wasser

FÜR DIE DEKORATION
kandierte Früchte (Zitronen- und
Orangenscheiben, Sauerkirschen etc.)

- Eine kuppelförmige Schüssel mit
  Klarsichtfolie auskleiden und mit einer
  Scheibe des längs durchgeschnitten
  Biskuits belegen, erst den Boden, danach
  die Wände etwa 6 cm hoch auskleiden, gut
  andrücken.
- Zucker, Ricotta, Schokolade und kandierte
  Früchte gut miteinander vermengen, in die
  Schüssel geben und mit dem Löffelrücken
  verteilen. Danach mit dem restlichen
  Biskuit bedecken.
- Die Cassata mit der Folie zudecken und
  mind. 6 Stunden im Kühlschrank ruhen
  lassen.
- Inzwischen die Pinienkerne in einer Pfanne
  ohne Fett auf kleiner Flamme rösten, bis
  sie duften und etwas Farbe angenommen
  haben.

- Den Puderzucker mit Wasser mischen, bis
  eine dickliche Masse entstanden ist.
- Die Schüssel aus dem Kühlschrank
  nehmen und die Cassata vorsichtig auf
  einen Servierteller stürzen, die Folie
  entfernen und die Cassata ringsum mit
  der Puderzuckerglasur einpinseln. Mit den
  gerösteten Pinienkernen bestreuen und
  den kandierten Früchten dekorieren.

Kandierte Früchte sind nicht jedermanns
Sache. In der Creme selbst müssen
sie nicht enthalten sein, und auch die
Dekoration kann ohne diese Früchte auskommen – freilich sieht die Cassata dann
etwas armselig aus, weil sie kaum noch
etwas mit dem Farbenreichtum der sizilia-
nischen Dessertküche zu tun hat. Wer die
Cassata reichhaltiger wünscht, belegt sie
abwechslungsweise mit dünn ausgewallten grünen und weißen Marzipanbahnen,
auf die man die Glasur aufpinselt und
dann nach Belieben dekoriert.

Dazu passen schwere Dessertweine, zum
Beispiel ein Moscato di Pantelleria oder
ein klassischer Marsala

Crema di arancia
Orangencreme

FÜR 4 PORTIONEN
500 g Blutorangen
50 g Zucker
300 ml Sahne
2 EL Cointreau
30 g Orangeat
1 Gewürznelke

- Die Orangen hälften, den Saft auspressen und mit dem Zucker und der Gewürznelke in einem Topf zu Sirup einkochen.
- Die Gewürznelke entfernen und den Sirup zimmerwarm auskühlen lassen.
- Die Sahne steifschlagen, mit dem Sirup und Cointreau vermischen und mind. 4 Stunden kühlstellen.
- Orangencreme auf Teller oder in Gläser verteilen und mit Orangeat dekorieren.

Anstelle des Orangeats können auch mit Zucker und Marsala marinierte Orangenfilets serviert werden.

Crostata al limone
Zitronenkuchen

FÜR EINE TARTEFORM (26 cm Ø)
1 Portion Grundrezept Mürbeteig (S. 18)
5 Eiweiß
200 g Zucker
130 ml Zitronensaft
Puderzucker zum Bestäuben

- Backofen auf 180 °C vorheizen.
- Die ausgebutterte und bemehlte Tarteform mit dem ausgewallten Mürbeteig belegen, an den Rändern hochziehen.
- Die Eiweiß mit dem Zucker schlagen, bis die Masse eine cremige Konsistenz hat. Den Zitronensaft zufügen und weiterrühren.
- Den Kuchenboden mit der Gabel einstechen und die Zitronencreme darauf verteilen.
- 30–40 Min. backen. Gelegentlich den Backvorgang überprüfen, und sobald die Füllung fest geworden ist, den Kuchen mit Aluminiumfolie abdecken.
- Zitronenkuchen aus dem Ofen nehmen und auskühlen lassen, mit Puderzucker bestäuben und servieren.

Mandarino al caramello
Karamelisierte Mandarinen

FÜR 4 PORTIONEN
6 Mandarinen
100 g Rohrzucker
2 EL Wasser

- Backofen auf 200 °C vorheizen.
- Vier Mandarinen sorgfältig schälen und ganz belassen. Mit der Hälfte des Rohrzuckers bestreuen und etwa 3–4 Min. im Ofen karamellisieren.
- Die restlichen zwei Mandarinen auspressen und den Saft zusammen mit dem restlichen Zucker und 2 EL Wasser auf kleiner Flamme zu einem Karamell einkochen.
- Die Flüssigkeit auf Tellern verteilen und die karamellisierten Mandarinen darauf servieren.

Torta d´arancie
Orangenkuchen

FÜR EINE SPRINGFORM (26 CM Ø)
4 Eier, getrennt
125 g Zucker
Saft und abgeriebene Schale von 2 Orangen
150 g geriebene Mandeln
50 g Paniermehl
Puderzucker zum Bestäuben

- Backofen auf 180 °C vorheizen.
- Die Springform ausbuttern und bemehlen, überschüssiges Mehl herausklopfen.
- Eigelb mit dem Zucker schaumig rühren, danach Orangenschale und Orangensaft, Mandeln und Paniermehl, unterheben.
- Eiweiß steifschlagen, unter die Masse heben und in die Springform geben.
- Etwa 60 Min. backen. Vollständig auskühlen lassen, mit Puderzucker bestäuben und servieren.

Wer möchte, mischt auch noch Orangeat unter die Masse. Und wer es gern süß hat, hebt 250 g Orangenmarmelade unter die Masse.

insalata d'arancie con datteri
Orangensalat mit Datteln

FÜR 4 PORTIONEN
700 g Blutorangen
250 g Medjoul-Datteln
50 g Zucker
2 EL Cointreau
10 g Pfefferminze

- Die Blutorangen schälen, filetieren und gut von Schalenresten reinigen.
- Die Datteln entkernen und halbieren.
- Die Orangenfilets mit dem Zucker und Cointreau mischen und mind. 1 Stunde im Kühlschrank ziehen lassen.
- Vor dem Servieren die Datteln und die in Streifen geschnittene Pfefferminze dazu geben.

Die Medjoul-Datteln sind frisch und mürbe und lassen sich gut entsteinen, sie eignen sich hervorragend für diese Nachspeise.

Dazu passt auch mal ein feiner Grappa.

Torta di ricotta e limone candito
Ricottakuchen mit kandierten Zitronen

FÜR EINE SPRINGFORM (26 cm Ø)
3 Eier
120 g Vanillezucker
250 g Ricotta
40 g Mehl
abgeriebene Schale von 1 Zitrone
100 g Zitronat
50 g Pinienkerne
Puderzucker zum Bestäuben

- Backofen auf 180 °C vorheizen.
- Die Springform ausbuttern und bemehlen, überschüssiges Mehl herausklopfen..
- Die Eier mit dem Zucker schaumig rühren, erst Ricotta, dann Mehl, die abgeriebene Zitronenschale und Zitronenwürfel unterheben und die Masse in die Springform geben.
- Mit den Pinienkernen bestreuen und im Ofen etwa 35 Min. backen, bis die Pinienkerne goldbraun sind. Auskühlen lassen, mit Puderzucker bestäuben und servieren.

l'arte

DOLCE...

CHOCOLAT
ORANGE

TUTTi

FRUTTi

Tutti frutti

Es gibt natürlich auch Desserts, die keiner spezifischen Frucht zuzuordnen sind, in Italien werden sie »dolci al cucchiaio« genannt. Diese werden, wie es der Name schon suggeriert, mit dem Löffel gegessen: Puddings sind darunter, Bayerische Cremes, aber auch solche, die erst nach einem oder zwei Tagen im Kühlschrank ihre ideale Textur und Aromavielfalt aufzeigen. Im *Cucina e Libri* bleibt ein Klassiker stets auf der Karte, der auch in diesem Kapitel vorzufinden ist: Zuppa Delizia. Das ist eine Nachspeise, deren Biskuits erst von der Schoko- und Vanillecreme ausreichend »aufgeweicht« werden müssen, bevor das Dessert – übrigens mit ganz wenig Zucker und also nicht typisch süß – die Runde machen kann. Und weil es ohne Eier auskommt, bleibt es mindestens eine ganze Woche lang konsumierbar, ja, wird dabei sogar immer leckerer. Übrigens, um ein ewiges Missständnis zu klären. Zuppa stammt vom Verb inzuppare (tränken) ab, das bedeutet, die Biskuits werden in Kaffee oder Likör getaucht – eine Suppe ist nirgendwo zu sehen ...

Tutti frutti bedeutet in diesem Buch also, dass sich dieses Kapitel den Klassikern der süßen italienischen Küche widmet, die teilweise auf Pellegrino Artusi zurückgehen und schon seit über 100 Jahren zum Nachspeiseninventar der italienischen Küche gehören. Freilich sind die Rezepte in einer »offenen« Version geschrieben; etwas weglassen oder hinzufügen, ändert vielleicht da und dort etwas am Geschmacksbild, aber nicht am Gesamtbild des Desserts. Mit Ausnahme der Cannoli: Dieses ursizilianische Rezept kam erst später in die Rezeptbücher und muss millimetergenau zubereitet werden.

Panzerotti di prugne secche
Krapfen mit getrockneten Pflaumen

ERGIBT ETWA 20 KRAPFEN

300 g getrocknete und entsteinte
Pflaumen
500 ml trockener Weißwein
160 g Zucker
75 ml Wasser
abgeriebene Schale von 1 Zitrone
50 g Mandelmehl
250 g Mehl
125 g Butter
1 Ei
Salz
½ Beutel Trockenhefe
Puderzucker zum Bestäuben

- Backofen auf 180 °C vorheizen.
- Die Pflaumen mit dem Wein, Zucker und Wasser kochen, bis sie weich sind.
- Durch ein Haarsieb streichen, die abgeriebene Zitronenschale und das Mandelmehl dazugeben und zu einer homogenen Masse verrühren.
- Inzwischen aus Mehl, Butter, Ei, einer Prise Salz und Trockenhefe einen Teig kneten und etwa 30 Min. kühlstellen. Sollte der Teig zu trocken geraten, noch ein wenig Wein dazugeben.
- Den Teig 3 mm dick auswallen und mit einem Trinkglas 7 cm große Teigkreise ausstechen. Mit einem Löffel ein wenig Pflaumenmus auf den Teig geben und mit einem weiteren Kreis bedecken und ringsum gut andrücken.
- Die Teigtaschen auf ein gebuttertes Blech legen und etwa 30 Min. backen.
- Die Krapfen sollten sofort serviert werden, vorher mit Puderzucker bestäuben.

Composta di prugne
Pflaumenkompott

FÜR 6 PORTIONEN
500 g getrocknete Pflaumen
250 g Rosinen
Saft von 1 Zitrone
150 ml Honig
1 Zimtstange

- Alle Zutaten bis auf den Honig in einen Topf geben, mit Wasser auffüllen, bis es die Früchte etwa 1 cm hoch bedeckt, und 1 Stunde zugedeckt auf kleinster Flamme köcheln.
- Die Fruchtmasse durch ein Haarsieb streichen und wieder zurück in den Topf geben. Noch einige Minuten weiterköcheln, bis alle Flüssigkeit verdampft ist.
- Den Honig darunter mischen und in Gläser füllen.

Dieses Kompott eignet sich auch gut als Brotaufstrich oder als Beigabe zu Müsli. Wer es über einen längeren Zeitraum aufbewahren will, gibt es in Weckgläser und sterilisiert diese etwa 15 Min. im kochend heißen Wasserbad.
Durch die Beigabe eines etwa 5 cm langen Stücks frischen Ingwer in der ersten Kochphase erhält das Kompott einen leicht exotischen Touch.

Macedonia di melone
con ciliege
Melonensalat mit Kirschen

FÜR 4 PORTIONEN
300 g Wassermelone am Stück
½ Netzmelone
200 g Sauerkirschen
20 g frische Minzblätter
Saft von 1 Zitrone
2 EL Lindenblütenhonig

- Die Wassermelone und die Melone schälen, die Samen entfernen und das Fruchtfleisch in 1,5 cm große Stücke schneiden.
- Die Sauerkirschen waschen, entsteinen und hälften.
- Die Minzblätter waschen und mit Küchenkrepp trockentupfen. Die schöneren Blätter für die Dekoration aufbewahren, die restlichen mit einem Messer in feine Streifen schneiden.
- Zitronensaft mit dem Honig verrühren.
- Die Früchte und Minzblattstreifen in eine Schüssel geben, den Honigsaft darüber gießen, mit einem Löffel gut vermengen und mit Klarsichtfolie bedeckt etwa 1 Stunde im Kühlschrank ruhen lassen.
- Die Früchte auf vier Schälchen verteilen und mit der restlichen Minze dekorieren.

Zabaione al Porto e melone
Portwein-Zabaione mit Melone

FÜR 4 PORTIONEN

10 g Gelatine in Blättern
4 Eigelb
100 g Zucker
100 ml Portwein
1 Netzmelone
5 EL Portwein
50 g Schokoladensplitter
100 g Johannisbeeren
4 Minzblättchen

- Die Gelatine mit wenig kaltem Wasser in einer Schüssel auflösen.
- Die Eigelb und Zucker schaumig schlagen, den Portwein dazugeben und im Wasserbad so lange mit dem Schneebesen schlagen, bis sich das Volumen verdoppelt hat. Darauf achten, dass das Wasser nicht kocht.
- Die Schüssel aus dem Wasserbad nehmen, die ausgepressten Gelatineblätter dazugeben, und solange rühren, bis sich die Gelatine komplett aufgelöst hat.
- Den Zabaione in 4 Gläser füllen und mind. 2 Stunden in den Kühlschrank stellen.
- Inzwischen die Melone halbieren, die Samen entfernen und mit dem Pariserlöffel möglichst viele Melonenkugeln herausstechen.
- Die Melonenkugeln mit 5 EL Portwein beträufeln und 15 Min. im Kühlschrank ziehen lassen.
- Vor dem Servieren die Gläser mit dem Zabaione kurz in heißes Wasser tauchen und den Inhalt vorsichtig auf 4 Teller stürzen. Mit Melonenkugeln, Schokoladensplittern, Johannisbeeren und Minzblättern dekorieren.

Cannoli alla siciliana
Gefüllte Biskuitrollen

ERGIBT ETWA 10 BISKUITROLLEN

FÜR DEN TEIG
1 Ei, getrennt
300 g Mehl
30 g zimmerwarme Butter
30 g Zucker
50 ml Marsala

FÜR DIE FÜLLUNG
200 g Puderzucker
100 g gemischte kandierte Früchte
(Orange, Zitrone, Kürbis, Zeder)
50 g Schokolade (72% Kakaoanteil),
feingehobelt
400 g Ricotta
30 g Pistazien
1 Prise Zimtpulver
Salz
einige 15 cm lange Stahlröhren von 5 cm Ø
Öl zum Frittieren
Puderzucker und Zimt zum Bestäuben

- Das Eigelb mit dem Mehl und der Butter vermengen, kontinuierlich Zucker und Marsala darunter rühren. Daraus entsteht ein glatter weicher Teig, der für 2 Stunden im Kühlschrank ruhen muss. Eiweiß beiseitestellen.
- Inzwischen den Puderzucker, die kandierten Früchte, die Pistazien sowie die Schokolade mit dem Ricotta vermengen.

- Den Teig aus dem Kühlschrank nehmen und auf einer bemehlten Fläche etwa 3 mm dick auswallen und in 10 cm große Quadrate schneiden, das ergibt genügend Quadrate für etwa 10 Rollen.
- Die Teigquadrate mit Eiweiß bepinseln und um die Stahlröhren legen. Die Teigenden sollten sich überlappen und gut festgepresst werden.
- Die Röhren mit dem Teig im heißen Öl backen, bis sie eine goldbraune krokante Konsistenz haben.
- Die Röhren mit den Biskuitrollen mit einer Schaumkelle aus dem Öl nehmen und auf Küchenkrepp abtropfen lassen.
- Ganz auskühlen lassen und die Cannoli dann vorsichtig von den Stahlröhren ziehen. Anschließend mit der Ricotta-Creme füllen, mit Puderzucker und Zimt bestreuen und servieren.

Die Stahlröhren zum Ausbacken der Biskuitrollen finden Sie im gut sortierten Fachhandel. Natürlich können auch andere Rollen verwendet werden, aber aufgepasst: Sie müssen gegen die hohe Hitze des Frittieröls resistent sein. Je mehr Rollen sie einsetzen, desto schneller geht es mit dem Ausbacken voran.

Zuppa Delizia
Heimelige Götterspeise

**FÜR EINE RECHTECKIGE GLASFORM
(ETWA 18 x 25 cm)**
1 Portion Grundrezept Biskuitteig (S. 18),
ersatzweise auch Löffelbiskuit
100 ml Espresso-Kaffee
4 EL Erdbeerkonfitüre
50 ml Weinbrand
500 ml Schokoladencreme
200 g Amarettikekse (S. 85)
100 ml Amarettolikör
250 ml Vanillecreme
100 ml Cointreau
50 g Kakaopulver zum Bestäuben

- Den Biskuitteigboden einmal der Länge
  nach durchschneiden. Die Glasform mit
  der einen Biskuithälfte auslegen.
- Die Erdbeerkonfitüre mit dem Weinbrand
  zu einer Sauce verrühren und den
  Biskuitboden damit bestreichen.
- Mit der Hälfte der Schokoladencreme
  bestreichen.
- Die Amarettikekse gleichmäßig auf der
  Schokoladencreme verteilen und mit dem
  Amarettolikör beträufeln.
- Danach die Amaretti mit der Vanillecreme
  bedecken.
- Die zweite Hälfte des Biskuits über
  der Vanillecreme verteilen, mit dem
  Kaffee und dem Orangenlikör beträu-
  feln und sorgfältig mit dem Rest der
  Schokoladencreme bestreichen.

- Zum Schluss mit Kakaopulver bestäuben,
  mit Klarsichtfolie abdecken und mind. 12
  Stunden im Kühlschrank ziehen lassen.

Es ist ein großer Vorteil, wenn man für
diese Nachspeise eine gute pasteurisierte
Vanille- bzw. Schokoladencreme aus dem
Supermarkt verwendet, weil das Dessert
damit für mind. 1 Woche im Kühlschrank
haltbar bleibt; und das ist wichtig, denn
die Zuppa Delizia wird, je länger man sie
stehen lässt, immer besser. Und bitte,
seien Sie großzügig im Umgang mit Kaffee
und den Likören, das macht das Dessert
kräftiger im Aroma ...

Diese Nachspeise gehört zu den Dessert-
Klassikern meines Zürcher Restaurants
Cucina e Libri, und dazu passt ein kräfti-
ger roter Dessertwein, etwa ein Passito di
Sagrantino von Guido Guardiglis Weingut
Perticaia.

Zuppa inglese
Englische Creme

**FÜR EINE RECHTECKIGE GLASFORM
(ETWA 18 x 25 cm)**

1 Zitrone
500 ml Vollmilch
2 Eier oder 3 Eigelb
75 g Zucker
50 g Mehl
25 g Kakaopulver
½ Portion Grundrezept Biskuitteig (S. 18)
4 EL Erdbeerkonfitüre
50 ml Maraschino
30 g Schokolade, gehobelt für die
Dekoration

- Die Zitrone abschälen und die Schale mit der Milch aufkochen, vom Feuer nehmen und Schale entfernen.
- Inzwischen in einer Schüssel die Eier mit dem Zucker schaumig aufschlagen und dann sukzessive das Mehl darunter rühren.
- Die Milch kontinuierlich in kleinem Strahl in die Masse einarbeiten, dabei ständig mit einem Schneebesen kräftig rühren, damit es nicht klumpt.
- Die Masse in einen Topf geben und auf kleiner Flamme zu einer festen Creme kochen, dabei ständig rühren.
- Zwei Schüsseln für die Creme bereitstellen: die eine mit einem Drittel der Creme, die zweite mit dem Rest der Creme füllen.

- In die erste Creme das Kakaopulver geben und sorgfältig verrühren. Auskühlen lassen, dabei gelegentlich umrühren, oder Klarsichtfolie direkt auf die Creme geben, damit sich kein Film auf der Oberfläche bildet.
- Die Glasform mit dem in etwa 5–8 mm dicken Scheiben geschnittenen Biskuit auslegen.
- Die Erdbeerkonfitüre mit dem Maraschino verrühren und den Biskuitboden damit gleichmäßig bestreichen.
- Nun abwechselnd die Biskuitscheiben mit der Schokoladencreme und der hellen Creme bedecken bis alle Creme und aller Biskuit aufgebraucht (oder die Glasform gefüllt) ist.
- Je nach Belieben die letzte Schicht Creme mit weiterem Kakaopulver oder mit Schokoladensplittern belegen.
- Mit Klarsichtfolie bedecken und mind. 12 Stunden im Kühlschrank ruhen lassen.

Crostata di mirtilli
Heidelbeerkuchen

FÜR EINE TARTEFORM (26 cm Ø)
400 g Heidelbeeren (gefroren)
½ Portion Grundrezept Mürbeteig (S. 18)
½ Portion Grundrezept Konditorcreme
(S. 17)
Puderzucker zum Bestäuben

- Backofen auf 180 °C vorheizen.
- Die Heidelbeeren langsam auftauen lassen – falls frische Beeren zu haben sind, sollten diese verwendet werden, weil sie weniger Wasser abgeben.
- Die Konditorcreme nach Grundrezept zubereiten und vollständig auskühlen lassen.
- Den Mürbeteig 3–4 mm dick auswallen und die ausbutterte Tarteform damit vollständig auskleiden. Den Teigboden mit einer Gabel gleichmäßig einstechen. Backpapier darauf legen und mit Hülsenfrüchten oder Reis beschweren.
- 20 Min. blind backen, herausnehmen und auskühlen lassen.
- Die Konditorcreme gleichmäßig auf dem Kuchenboden verteilen und die Heidelbeeren darauf geben.
- Zum Schluss mit Puderzucker bestäuben.

Gazpacho di frutta
Fruchtsuppe

FÜR 6 PORTIONEN
2 Kiwis
2 Äpfel der Sorte Golden Delicious
2 gelbe Pfirsiche
20 Erdbeeren
60 g Zucker
60 ml Sahne
4 EL zerstoßene Eiswürfel
20 Heidelbeeren

- Kiwi, Äpfel und Pfirsiche waschen und schälen, entkernen und in kleine Stücke schneiden.
- Zusammen mit den gewaschenen Erdbeeren, dem Zucker, der Sahne und den Eiswürfeln in einen Standmixer geben und pürieren.
- In vier Glasschalen verteilen, mit den Heidelbeeren dekorieren und sofort servieren.

Zuccotto
Eisbombe

FÜR 8 PORTIONEN

½ Portion Grundrezept Biskuitteig (S. 18)
150 ml Likörmischung (Kirsch, Rum,
Maraschino)
250 ml Sahne
150 g Puderzucker
300 g Ricotta
80 g Kakaopulver
50 g Schokolade (72% Kakaoanteil),
feingehobelt
80 g kandierte Früchte
2 EL Wasser

- Eine kuppelförmige Schüssel mit Klarsichtfolie auskleiden und mit der Hälfte des in dünne Scheiben geschnittenen Biskuit auskleiden.
- Die Likörmischung mit 2 EL Wasser verquirlen und den Biskuitteig mit der Hälfte der Flüssigkeit beträufeln.
- Die Sahne mit dem Puderzucker steifschlagen und unter den Ricotta heben. Die so entstandene Creme auf zwei Schüsseln verteilen.
- In die erste Schüssel die kandierten Früchte und die feingehobelte Schokolade geben, in der anderen das Kakaopulver unter die Creme heben.

- Erst die Schokoladencreme gleichmäßig in der mit Biskuit ausgekleideten Schüssel verteilen, danach die Creme mit den kandierten Früchten darauf geben und mit dem Löffelrücken gut verteilen.
- Die Creme mit dem restlichen Biskuit bedecken und mit der restlichen Likörmischung beträufeln.
- Mit Klarsichtfolie zudecken und mind. 6 Stunden im Eisfach ruhen lassen.
- Mind. 30 Min. vor dem Servieren, den Zuccotto aus dem Eisfach oder Tiefkühler nehmen, die Klarsichtfolie entfernen, einen flachen Teller auf die Schüssel setzen und langsam umdrehen, so gleitet der Zuccotto sanft auf den Teller. Die restliche Klarsichtfolie entfernen und dann sofort servieren.

Dieses kühle Dessert verlangt natürlich auch nach einem spritzigen, gut gekühlten Cartizze di Valdobbiadene oder einem anderen Schaumwein, der mit seiner Restsüße ein freundlicher Begleiter dieses Desserts wird.

Deutsches Rezeptregister

italienisches Rezeptregister

Getränkeregister

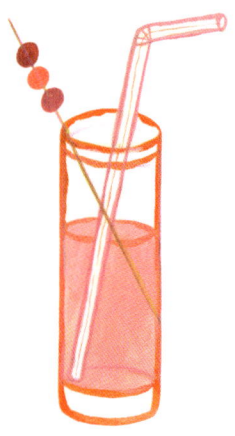

Alphabetisches Register

Die Autoren

CARLO BERNASCONI (1952–2016) war nicht nur Journalist, Restaurateur sowie Autor diverser Kochbücher, darunter das Standardwerk *Das große Buch der Italienischen Küche*, sondern auch ein ausgezeichneter Koch, der seine Rezepte gerne mit seinen Lesern geteilt hat. Er fehlt.

LARISSA BERTONASCO, geboren 1972 in Heilbronn, studierte Illustration an der HAW Hamburg. Sie ist seit 2004 Mitherausgeberin und Autorin des Zeichnerinnenmagazins SPRING. Sie arbeitet freiberuflich für Zeitschriften- und Buchverlage, macht Ausstellungen, hält Vorträge und gibt Workshops. Larissa Bertonasco lebt mit ihrer Familie in Hamburg und zeichnet jeden Tag in ihrem Ladenatelier auf St. Pauli.

Carlo Bernasconi
Larissa Bertonasco
La cucina verde
Die schönsten italienischen
Gemüserezepte
192 Seiten
11. Auflage
ISBN 978-3-941087-79-8

Auf seinem Streifzug durch den Garten stellt Carlo Bernasconi 18 Gemüse vor, mit denen in Italien gern gekocht wird, und erinnert sich dabei an die Küche seiner Nonna und seiner Mamma. Larissa Bertonascos charmante Illustrationen machen Lust auf frische Zutaten.

»Der schönste Grund, endlich Vegetarier zu werden.« Jan Weiler, SZ-Magazin

»Von Artischoken bis Zucchini präsentiert Carlo Bernasconi die leckersten Gemüsegerichte Italiens. Weiteres Highlight: Larissa Bertonascos charmante Illustrationen.« *Living at Home*

»Carlo Bernasconi kreierte aus 18 Gemüsesorten 120 köstliche und einfache Gerichte, die auch bei Nicht-Vegetariern gut ankommen. Die Rezepte sind verwurzelt in der traditionellen italienischen Küche und verfeinert mit heutigem Zeitgeist. Präzise und klar. Ein Meisterwerk mit reizenden Illustrationen von Larissa Bertonasco..« *Schweizer Illustrierte*

Myriam Lang
Larissa Bertonasco
**La grande cucina
vegetariana**
Vegetarische Menüs
für Gäste
160 Seiten
ISBN 978-3-946593-48-5

Vegetarische Menüs mit einer sowohl abwechslungsreichen als auch harmonisch aufeinander
abgestimmten Speisenfolge zusammenzustellen – das ist schon die höhere Kunst. Carlo
Bernasconi war der Inhaber des beliebten vegetarischen Restaurants Osteria Candosin in
Zürich und hat für dieses Buch ebensolche Menüs für Gäste kreiert: neben einfachen jahreszeit-
lichen 3-Gänge-Menüs gibt es auch aufwändigere 5- oder 6-Gänge-Menüs. Myriam Lang hat
die Rezepte für dieses Buch aufgeschrieben. Ein Genuss für alle Liebhaber der italienischen
Küche und der kunstvollen Illustrationen von Larissa Bertonasco.

»Die Gerichte lassen nicht nur Vegetariern das Wasser im Mund zusammenlaufen.« *BuchMarkt*

»Ein besonderes Werk – ein Vermächtnis.« Stefan Hauck, Börsenblatt

Ein verlagsneues Buch kostet in ganz Deutschland und Österreich jeweils dasselbe. Das liegt an der gesetzlichen Buchpreisbindung, die dafür sorgt, dass die kulturelle Vielfalt erhalten und für die Leser bezahlbar bleibt. Also: Egal ob im Internet, in der Großbuchhandlung, beim lokalen Buchhändler, im Dorf oder in der Stadt – überall bekommen Sie Ihre verlagsneuen Bücher zum selben Preis.

Klimaneutral
Druckprodukt
ClimatePartner.com/13916-1911-1001

Dieses Buch wurde klimaneutral produziert. Wir unterstützen dafür das Waldschutzprojekt in April Salumei in Papua-Neuguinea, wo der, auch für das Klima so wichtige, Regenwald die Lebensgrundlage der indigenen Bevölkerung ist.

MIX
Aus verantwortungs-
vollen Quellen
FSC® C023577

Dieses Buch ist auf Papier gedruckt, für das nur Holz aus nachhaltiger Forstwirtschaft verwendet wurde.

3. Auflage 2020
© 2012 Verlagshaus Jacoby & Stuart, Berlin
Alle Rechte vorbehalten
Illustrationen: © Larissa Bertonasco
vermittelt durch die Agentur Susanne Koppe, Hamburg,
www.auserlesen-ausgezeichnet.de
Gestaltung und Satz: Ariane Bille, Berlin
Gesetzt aus der Apex New und der Kipp No1
Druck und Bindung: Polygraf Print
Printed in Slovakia
ISBN 978-3-941787-91-9
www.jacobystuart.de